QUESTÕES DE LINGUAGEM

COLEÇÃO
REPENSANDO O ENSINO

QUESTÕES DE LINGUAGEM

Maria Helena Martins (org.)/Haquira Osakabe/
Adilson Odair Citelli/Marisa Lajolo/
Mary Julia M. Dietzsch/João Wanderley Geraldi/
Raquel Salek Fiad/Maria Laura Trindade Mayrink-Sabinson/
Sônia Ignez Gonçalves Fernandez/Maria Lúcia Zoega de Souza/
Ana Maria Bonato Garcez Yasuda/Maria Thereza Fraga Rocco

editoracontexto

Coleção
Repensando o Ensino

Capa
Sylvio de Ulhoa Cintra Filho

Ilustração de capa
Detalhe alterado do quadro *Mohn*, de Anfreas Felger

Revisão
Ana Lúcia Rodrigues
Maria Aparecida Bessana
Texto & Arte Serviços Editoriais

Composição
Veredas Editorial/Texto & Arte Serviços Editoriais

Dados Internacionais de Catalogação na Publicação (CIP)
(Câmara Brasileira do Livro, SP, Brasil)

Martins, Maria Helena (org.)
Questões de Linguagem / Maria Helena Martins (org.). –
8. ed. – São Paulo: Contexto, 2023. – (Repensando o Ensino).

Bibliografia.
ISBN 978-85-85134-98-3

1. Linguagem 2. Português – Estudo e ensino. I. Martins, Maria Helena. II. Série.

91-0764 CDD - 469.07
- 001.54

Índices para catálogo sistemático:
1. Linguagem: Comunicação 001.54
2. Português: Estudo e ensino 469.07

2023

EDITORA CONTEXTO
Diretor editorial: *Jaime Pinsky*

Rua Dr. José Elias, 520 – Alto da Lapa
05083-030 – São Paulo – SP
PABX: (11) 3832 5838
contato@editoracontexto.com.br
www.editoracontexto.com.br

SUMÁRIO

APRESENTAÇÃO

Antes de se chamar *Português* ou de receber o apelido de *Comunicação e Expressão*, o estudo de *língua materna*, entre nós, era mais conhecido como *linguagem*. E, ao embalo da sonoridade fluida desse nome, várias gerações completaram seus cadernos de caligrafia, de ditado; fizeram suas lições de casa. Era um tempo bem mais devagar, um espaço bem maior: as limitações de cada um pareciam pouco perceptíveis; muitos sabiam o mínimo. Havia mais certezas que dúvidas entre os professores; os alunos não tinham senão que aprender. Já a *linguagem* seguia – como aliás segue – correndo solta, à revelia das "poucas letras" de seus usuários e das determinações dos manuais.

Tais conjeturas me ocorrem ao organizar os textos deste livro. Cada um parece ter surgido e se desenvolvido a partir de um esforço conjunto – ainda que se distingam os estilos, as experiências, os interesses individuais de pesquisa e as marcas da prática cotidiana.

De fato, os autores aqui reunidos têm um traço comum em suas trajetórias profissionais. Há anos participam de entidades e trabalham em projetos que se caracterizam pelo empenho na formação continuada do professor, pela busca de integração da Universidade com o Ensino de 1º e 2º Graus, pela interação de reflexão teórica e prática pedagógica. Cabe ressaltar, dentre outros, a *Associação de Professores de Língua e Literatura – APLL*, fundada em 1978; a *Associação de Leitura do Brasil – ALB*, fundada em 1981; o *Estágio de Formação do Educador em Serviço – EFES*, um projeto da Faculdade de Filosofia, Letras e Ciências Humanas da Universidade de São Paulo com o Ministério de Educação e Secretarias de Educação do Estado e do Município de São Paulo, iniciado em 1984; o projeto *Educação, Linguagem e Formação de Professores,* do grupo de Letras e Linguística que assessora a área de Português no Programa de Reorientação Curricular e Formação de Pessoal da Secretaria Municipal de Educação de São Paulo, desde 1989.

Trata-se, sem dúvida, de um grupo de professores preocupados e ocupados em resgatar a *linguagem,* enquanto "um processo que tem a densidade, a precariedade e a singularidade do acontecimento", como observa Haquira Osakabe.

Sem dúvida, um processo que valoriza o passado, ao incorporar a própria história do conhecimento nas possibilidades de cada experiência individual. E, assim, os autores aqui reunidos se voltam para o futuro, enquanto realizam uma análise atenta e original do presente, sempre em busca dessa constância renovada a cada palavra, imagem, som, gesto em que consiste a expressão humana.

Como a atuação profissional de seus autores, os textos que se seguem fazem-se pontes, questionando teorias e refletindo sobre as práticas, num curioso e exigente convívio de semelhanças e diferenças, integrando esses professores-pesquisadores no trabalho simultâneo com e sobre *Questões de Linguagem – muito além do Português –,* na escola e na universidade.

Maria Helena Martins
organizadora

São Paulo, fevereiro de 1991

LINGUAGEM E EDUCAÇÃO*

*Haquira Osakabe***

I

Não se trata de confinar a educação à linguagem; trata-se de pensá-la à luz desta. Mas, ressalte-se, não se trata da linguagem vista como simples repertório, muito menos como conjunto de figuras de enfeite retórico; muito menos ainda como uma imaterialidade ideológica. Ao contrário, trata-se de uma linguagem entendida como uma *interlocução* e, como tal, de um lado, como processo, e de outro, como constitutiva (de) e constituída (por) sujeitos. Explicito: por que processo? Porque, antes de qualquer outro componente, a linguagem fulcra-se como evento; faz-se na linha do tempo e só tem consistência (digo, só se justifica) enquanto *real* na singularidade do momento em que se enuncia. Logo, é da sua própria natureza que todo enunciado tenha, em relação às suas condições de produção, uma intensa relação de singularidade, como algo inaugural.

---

* *Este texto faz parte da fundamentação do projeto "Educação, Linguagem e Formação de Professores", apresentado em abril de 1989 a Paulo Freire, e que constituiu princípios e propostas do grupo de Letras e Linguística para a assessoria da área, na Secretaria Municipal de Educação de São Paulo.*

** *Doutor em Linguística pela UNICAMP. Professor de Teoria Literária Portuguesa da UNICAMP. Publicações: Argumentação e discurso político. São Paulo, Kayrós, 1979. Caminhos da linguagem (coautoria). São Paulo, Ática, 1988/1989 (3 vols.). "Considerações em torno do acesso à escrita". In: ZILBERMAN, Regina (org.). Leitura em crise na escola. Porto Alegre, Mercado Aberto, 1984. "A ficção controlada da história". In: Artéria, Secretaria da Cultura de Santos, 1990.*

Embora as estruturas se reiterem inevitavelmente, há razões existenciais que lhes alteram substancialmente sua consistência significativa.

Retornemos ao ponto inicial. Pensar a educação enquanto linguagem é pensar, portanto, a educação enquanto processo constitutivo (de) e constituído (por) sujeitos. E, como tal, como um processo que tem a densidade, a precariedade e a singularidade do acontecimento. Daí que não se pode pensar num processo educacional consistente sem admiti-lo como tenso, instaurado sobre a singularidade dos sujeitos em contínua constituição e sobre a precariedade da própria temporalidade que o específico do momento implica.

Retomando a discussão, cabe entender as implicações desse modo de ver a educação. Separem-se as implicações de caráter substancial daquelas de caráter ético.

Substancialmente, uma educação vista à luz da linguagem, como processo interlocutivo, guarda uma *disponibilidade estrutural* para a mudança, na justa medida em que implica *dispor o sujeito* numa relação não estereotipada com a precariedade do próprio momento. (Sujeito de discurso é aquele que tem com as condições de emergência de sua fala uma relação *pertinente*. Logo, não é possível pensar-se num processo educacional com fronteiras determinadas entre a educação sistemática e a assistemática, sem o risco de alijar da escola o próprio processo constitutivo de sujeitos e sem alijar dela a linguagem vital, momentânea e própria com que de fato o indivíduo assume sua condição de sujeito.

As implicações éticas decorrem necessariamente das considerações dispostas até aqui. Há uma ética *natural* da linguagem: aquela que se sustenta sobre o princípio básico da relevância; é próprio da linguagem, como se disse anteriormente, sua relação tensa, singular, com as condições de sua consecução. Logo, é naturalmente antinatural todo enunciado que, alheando-se das condições de sua emergência, guarda com elas uma relação inconsistente, uma relação em que não se manifesta a interferência, a *intervenção* que caracteriza a visão relevante do momento. Assim, todo enunciado estereotipado (lugar-comum) *comete* um ato antilinguagem do mesmo modo que uma educação *uniformizante* contraria a natureza mesma da própria educação, se admitida como processual e precária como a linguagem.

Consequentemente, a estigmatização das variedades linguísticas revela, nesse sentido, uma atitude profundamente antilinguagem, já que a variação é nuclearmente, estruturalmente, a condição que dispõe a língua para a mudança, a substância de sua própria vitalidade.

II

Muito pouco tem a ensinar a escola pública brasileira atual aos cidadãos das camadas populares nas exigências linguísticas mais imediatas, no contexto particular, na intimidade de suas relações mais próximas. No entanto, ela pode vir a cumprir, enquanto instituição popular, um papel quase insubstituível na formação dos sujeitos, desde que abandone radicalmente duas de suas tendências contemporâneas: a primeira, aquela *estigmatizante*, que, cristalizando tensões e diferenças, busca a todo custo como resultado a padronização e, consequentemente, o estereótipo. A segunda, talvez mais grave, aquela *burocratizante,* que vê na panaceia das estratégias curriculares e pedagógicas a solução para problemas de natureza, como vimos, substancial e ética. É a velha tradição populista que superestima o efeito iluminista da pirotecnia pedagógica em detrimento de uma aproximação mais funda com o pesadelo em que se tornou nossa educação.

III

Antes de tudo, ou concomitante a quaisquer outras medidas, parece inadiável que se encarem de modo diferente as perguntas:

– Como o magistério se exerce na linguagem?

– Como conduz ele sua tarefa de favorecer a constituição de sujeitos?

– Que estratégias mais urgentes (e variáveis) são disponíveis?

Como se disse anteriormente, a clientela das escolas já criou a essa altura as estratégias para uma *sobrevivência linguística* no contexto da sua intimidade. Nesse sentido ela não é muda nem incapaz. Ocorre, no entanto, que a vida social, as condições objetivas da sobrevivência e das lutas que inevitavelmente tem de travar lançam essa mesma clientela na desproteção de uma vida pública. E aí sim a desigualdade tende a transformar sua desenvoltura mais íntima num estigma e paralisá-la. A escola pode entrar nesse momento como o lugar por excelência de uma transmutação das disponibilidades da intimidade pessoal, familiar em disponibilidade pública. O acesso à *escrita*, não como código (ou até pré-código) mas como um universo de cognição, pode introduzir essa clientela no exercício do confronto com as esferas públicas da linguagem, sem com isso cobrir ou estigmatizar as disponibilidades anteriores. Isso, necessariamente vinculado à ligação histórica entre essa modalidade e os procedimentos da chamada língua padrão.

Populismos à parte, a educação *linguística* nesse sentido (e a educação escolar, consequentemente) é um exercício de confronto em que o aluno amadurece as condições de sua própria sobrevivência como portador de uma cultura desprestigiada e como indivíduo cuja experiência, por mais densa que seja, perde-se no seu anonimato.

Nesse processo, volte-se àquelas perguntas iniciais.

ENSINO DE LINGUAGEM VERBAL: EM TORNO DO PLANEJAMENTO*

*Adilson Odair Citelli***

"Chega mais perto e contempla as palavras.
Cada uma
tem mil faces secretas sob a face neutra
e te pergunta, sem interesse pela resposta,
pobre ou terrível, que lhe deres:
Trouxeste a chave?"

Carlos Drummond de Andrade

I

Este artigo foi escrito com o intuito de contribuir para responder uma indagação surgida num curso que ajudei a ministrar para professores de Português da rede pública do município de São Paulo.

---

* *Texto preparado para ser apresentado no Encontro de Professores de Português, coordenado por Maria Helena Martins e João Wanderley Geraldi, com apoio da CECAE/USP, para professores da rede municipal de ensino de São Paulo, 21 a 23/fev./1990.*

** *Doutor em Literatura Brasileira pela USP. Professor de Comunicação Linguística, na Escola de Comunicação e Artes da USP.*
Publicações: Linguagem e persuasão. 5ª ed. São Paulo, Ática, 1990. Romantismo. 2ª ed. São Paulo, Ática, 1990. "O ensino da literatura no 2º grau". In: SPERBER, S., MARCO, V. e CHIAPPINI, L. (orgs.). Língua e literatura: o professor pede a palavra. São Paulo, Cortez, 1980. "Conceitos de leitura". In: Ideias, nº 5, São Paulo, Fundação para o Desenvolvimento Escolar, 1989.

A questão era a de saber como introduzir no planejamento de língua portuguesa um espaço para analisar a presença da linguagem verbal nos meios de comunicação de massa. Curiosamente, uma das faces desse problema dizia respeito ao fato de muitas campanhas publicitárias reforçarem a ideia do "erro" linguístico. O exemplo apresentado foi o *slogan* da Sadia, *O salsicha*, que usava "impropriamente" o artigo. As opiniões dividiram-se entre os que viam aí apenas a construção de um efeito de sentido, os que enveredavam pelo terreno judicioso, achando um absurdo que veículos de massa estivessem cumprindo o triste papel de negar aquilo que com tanta dificuldade a escola aponta como "correto", até os interessados em trabalhar o enunciado em sua natureza linguística. Nessa linha, alguém sugeriu: "– Por que não aproveitar o *slogan* para o estudo das funções do artigo e dos modos de compor os substantivos masculino e feminino?"

Ainda que admitíssemos a procedência de algumas das sugestões feitas pelos grupos, convenhamos que delas foi afastada uma importante dimensão dos signos: a semântica valorativa. Equivale dizer, existe no enunciado um movimento semântico de recontextualização do *slogan* e que produz, pelo estranhamento, uma nova ordem de significados. Quanto ao aspecto propriamente do valor, abre-se a possibilidade da qualificação positiva do produto, graças ao mecanismo da analogia que coloca num mesmo plano a salsicha fabricada no Brasil e o sucedâneo existente na terra tradicionalmente consagrada pela excelência dos seus embutidos, a Alemanha. Assim, por um procedimento gerado linguisticamente no "erro", a campanha da Sadia elabora o seu recurso argumentativo para promover o efeito de persuasão. Trata-se, pragmaticamente, de fixar a ideia segundo a qual uma certa marca legitima-se por estar associada aos fabricantes mais autorizados, caso em que, *a* salsicha apenas manteria uma certa ideia de indiferenciação enquanto *o* salsicha qualificaria.

Diante disso, cabe retomar à pergunta acerca da maior ou menor procedência em se verificarem os males causados pelos abusos praticados pela publicidade contra o vernáculo. Se é procedente observar-se a questão do uso do artigo diante do enunciado em análise, é igualmente necessário não perder de vista o fato de existir, por trás dos expedientes linguísticos, uma série de sugestões semânticas e valorativas – para ficarmos em outras dimensões já apontadas dos signos – que contribuirão para configurar a totalidade do sentido.

Assim, o problema parece residir, sobretudo, no modo de se encarar a linguagem, particularmente, em nosso caso, a de natureza verbal. Vista como unidade formal, a palavra corre o risco de ser objeto de estudo descritivo, metalinguístico, quando muito recebendo aportes interpretativos. Pensada no interior de uma concepção que esteja atenta aos movimentos dialógicos, às tensões históricas, às preocupações de velamento ou desvelamento de situações enunciadas, ao cruzamento com outros códigos, a palavra ganha o sentido que a vida possui no coração dos homens.

II

Um professor de língua portuguesa no 1º e 2º graus que não se satisfaça em elaborar um planejamento limitado a reproduzir a gramática normativa ou a descrever a função dos termos de um enunciado deve considerar, para o trabalho com a linguagem verbal, algumas referências conceituais.

Em primeiro lugar, admitir que a linguagem verbal, enquanto conjunto de signos constituídos/constituidores da e na experiência humana, perpassa diferentes áreas do conhecimento instituindo-se como elemento nucleador do processo de aprendizagem. Nesse sentido, operar com as palavras é um gesto de rompimento com a rigidez hierárquica imposta às áreas e disciplinas tradicionalmente dispostas nas grades curriculares. As palavras, felizmente, penetram todos os domínios, executando o paciente e determinado mister do *fazer* multidisciplinar, do invocar infindáveis relações intertextuais e interdiscursivas. Flagrar a riqueza desse movimento, percorrer os seus circuitos, entender sua força e seus limites pode ser, já, uma enorme atividade a ser desenvolvida nas aulas de Português. Vejamos: ler o *slogan* da Sadia além do seu próprio enunciado significa, necessariamente, considerar outras variações discursivas, por exemplo, da geografia, da história, dos hábitos alimentares, etc.

Assim, a cadeira de Português, respeitadas suas particularidades enquanto área do saber, pode ser pensada também como um lugar onde problemas específicos de linguagem verbal são cruzados com planos de expressão e de conteúdo trabalhados em outras disciplinas. De um certo modo, ao radicalizar a ideia de que as palavras estão na gênese da constituição dos saberes, o professor de Português pode, inclusive, abrir uma importante discussão junto aos colegas de outras áreas que, no geral, tendem a considerar o mestre da Última Flor do Lácio como uma espécie de bode expiatório da falta de competência linguística do aluno. Assunto esse que, como sabemos, é complexo demais para ser confinado nos limites aparentemente formais do ensino da língua.

Em segundo lugar é necessário rever a noção mais ou menos corrente de que a língua é um instrumento de comunicação. Conceber a operação com as palavras no interior de uma perspectiva instrumental pode terminar, nos limites, dando a ideia de que linguagem e pensamento são fatos dissociáveis. Por exemplo, se admitimos que a linguagem é instrumento – pensemos mais diretamente aqui no caso da verbal – podemos até mesmo trabalhar com a hipótese de os conceitos serem formalizados antes ou fora de um processo que os constitua. A rigor sabemos que as relações entre o ato de constituir e o elemento constituído vivem de tal modo articulados que não percebemos exatamente onde estão os limites entre uma e outra coisa. Nessa perspectiva, alguém com tempo e disposição poderia sugerir variações dialéticas do seguinte enunciado: a linguagem é o conceito que se fez linguagem.

Pelo exposto parece correto afirmar que as palavras possuem uma série de faces, entre outras a de fazer e refazer os processos comunicativos, a de autorreferir-se, a de viver no interior do teatro histórico e ideológico que anima os atos de linguagem. Assim, a palavra constrói a relação entre o socialmente dado e a criação individual revelando-se, para usarmos uma expressão de Adam Schaff, um *fator criador*. Por isso, os esquemas verbais podem fundar estruturas de sentidos capazes de conservarem ou mudarem determinadas situações comunicativas, com suas evidentes repercussões sobre a cultura, a política, a sociedade, etc., assim como fazer uso de expedientes que manipulem, mascarem, desmascarem informações.

É essa animação criadora que se deseja opor à visão do ensino de língua como parametrado pela ideia da instrumentação – de certa forma responsável pela elaboração de planejamentos estreitamente calcados num procedimento normativo. Em última instância o que se busca é pensar a língua e seu ensino como algo colocado no interior de processos constituidores de sentidos e que nascem no cruzamento das tensões históricas, das discussões ideológicas, dos encontros e desencontros individuais, para indicarmos aspectos de um sem número de variações.

Um terceiro desafio é o de explorar a amplitude dos estudos da linguagem verbal à luz de uma concepção interacional. Ou seja, se a linguagem é enquanto tal dialógica, lugar de encontro de vários discursos e do embate de experiências, onde falas entram em choque com outras falas, formando uma rede que muitas vezes dificulta a localização das matrizes discursivas, é preciso considerar que o monólogo é algo anacrônico no movimento concreto da linguagem.

Façamos aqui um parêntese para evitar mal-entendidos. O fato de a comunicação de massa ou de os discursos autoritários assumirem um procedimento monológico, impedindo a resposta do interlocutor ou conduzindo-a, não significa dizer que a linguagem tenha abandonado o seu caráter dialógico. Quando afirmamos que é da natureza da linguagem o seu mecanismo dialógico é porque existe uma permanente dimensão intertextual, intratextual, interdiscursiva, intra e intersemiótica; ou seja, não falamos apenas *uma* situação individual, mas exprimimos em nossa fala uma outra sequência de falas historicamente cifradas pela linguagem. É verdade que, muitas vezes, a força da dissimulação cria em nós a falsa impressão da originalidade absoluta, da criação de uma fala – que sendo também de outros – parece pertencer-nos como a enganosa exclusividade das *griffes*.

Vejamos um exemplo. O sermão dominical do padre, sendo dele e voltado para criar efeitos pragmáticos nos fiéis, é, sobretudo, parte de uma tradição religiosa, muitas vezes sistematizada nos textos dos doutores da igreja, nos ensinamentos de santos e profetas, na Bíblia, formando, assim, o que chamamos de discursos religiosos. Nesse sentido, até a possível invenção do padre, naquele sermão específico, está circunscrita por alguma coisa na qual o pastor das ovelhas busca subsídios para louvar ou condenar, confirmando ou mesmo reformando certos enunciados propostos pela tradição do discurso religioso.

Uma coisa é, portanto, o fato de a linguagem possuir essa marca dialógica, outra é reconhecer que *tipo de voz* a realiza. No sermão tomado como exemplo, o movimento dialógico pode, perfeitamente, reduzir-se a uma única voz que dita a verdade. Isto é, o processo efetivo de interlocução desaparece; a voz do rebanho deixa de ser ouvida e o crente não existe mais enquanto enunciador: a voz da multidão passa a ser unicamente a voz do pastor. Como se percebe, o fato de a linguagem ser dialógica não garante que a sua forma de apresentar-se abandone os esquemas de mando e dominação próprios do procedimento monológico.

Se o professor pensa o ensino da língua a partir de uma referência interacional (inter/ação), saberá radicalizar o aspecto dialógico e trabalhará o seu discurso como *um* entre *vários*, no meio dos quais estarão aqueles dos alunos que vivem experiências culturais diferenciadas, que falam sobre o mundo a partir de lugares múltiplos, que operam variáveis linguísticas nem sempre afinadas com a do mestre. Posto desse modo, o ensino da língua terá que refletir, necessariamente, a dinâmica do confronto inter e intradiscursivo e não apenas considerar a variável linearmente codificada pela gramática padrão como única a ser valorizada e aplaudida.

Nesta direção é possível afastar toda conotação paternalista ou "igualitária" que uma certa pedagogia da facilitação associou à concepção interacionista da linguagem. Antes de mais nada estamos diante de um processo que distende ao máximo a ideia da ação interindividual, portanto da capacitação de perceber que leituras e escritas são instâncias carregadas de significados nascidos em determinados lugares, recobertos de história, vivendo a permanente luta com outros escritos e outras leituras. Noutros termos, a perspectiva interacional trabalha na direção de quebrar o signo reificado, de animá-lo pelo efeito do diálogo radicalizado. Trata-se de investir contra a aparente inocência da palavra – que como já se viu pode ser mantida quando ela é admitida apenas enquanto instrumento de comunicação –, apostando-se na construção de um sujeito/cidadão e na franqueza de admitir-se que o enunciado "de verdade" pode ser apenas uma pista para a sua própria negação.

III

Nos limites editoriais colocados a este artigo, procuramos, dispensando qualquer preocupação hierárquica ou de esgotar o assunto, indicar alguns aspectos que incorporados à discussão de um planejamento podem ajudar, para fins didáticos, a melhor aproveitar o *slogan* da Sadia. Parece ter ficado claro por que limitar a análise de O *salsicha* a uma visão instrumental enfraquece o processo de reconhecimento da importância do estudo sistemático da língua na escola. Se estiver entendido que a linguagem ao constituir os significados tanto cruza experiências interdiscursivas quanto opera com mecanismos de mando, de velamento ou desvelamento das coisas, será mais fácil aproveitar os exemplos fornecidos pela comunicação de massa para o estudo da língua.

E por falar nisto, que tal propor, para a próxima aula, um exercício onde os alunos discutam as consequências de se mudar o enunciado "pacto social" para "entendimento nacional", conforme nota saída no jornal *Folha de S. Paulo*, de 13/9/90: "Collor continua tratando como prioridade o entendimento nacional. Mas não quer ver nenhum ministro utilizando a expressão 'pacto social'. Quer aboli-la do vocabulário político".

REFERÊNCIAS BIBLIOGRÁFICAS

BAKHTIN, Mikhail. *Marxismo e filosofia da linguagem*. São Paulo, Hucitec, 1979.

ECO, Umberto. *A estrutura ausente*. São Paulo, Perspectiva, 1974. Ver especialmente o capítulo "Retórica e ideologia"

SCHAFF, Adam. *Linguagem e conhecimento*. Coimbra, Almedina, 1974. Ver o capítulo "Linguagem, conhecimento e cultura".

DA CIÊNCIA À POESIA E VICE-VERSA*

*Marisa Lajolo***

Se é verdade que o que conhecemos do mundo é aquilo que do mundo nos é dado conhecer através e no limite da linguagem de que dispomos para falar dele (mundo), vale a pena investigar o uso específico que da linguagem fazem profissionais da ciência: como tal linguagem se estrutura e ganha a concretude necessária à modelagem do mundo construído pela ciência?

A investigação busca resposta à pergunta: o que diferencia a linguagem da ciência de outras linguagens? Por exemplo, da linguagem da política, da linguagem do noticiário policial, da linguagem de receitas culinárias?

O uso de linguagem na produção e discussão de ciência marca-se, inicialmente, pela objetividade e pela impessoalidade. Assim como em certos laboratórios, pinças, luvas, microscópios, etc., colocados entre o observador e seu objeto, permitem observação e/ou manipulação mais acurada deles, assim também a linguagem da ciência precisa adquirir

---

* *Este texto resulta de aula dada a professores de ciências da rede municipal paulistana de ensino, em 22/10/1990 como parte do trabalho de assessoria na área de Português de projeto conveniado entre UNICAMP/USP/Secretaria de Educação do Município de São Paulo.*

** *Doutora em Teoria Literária pela USP. Professora Titular do Departamento de Teoria Literária da UNICAMP. Publicações: O que é literatura. São Paulo, Brasiliense, 1982. Monteiro Lobato: a modernidade do conto. São Paulo, Brasiliense, 1984. Literatura infantil brasileira: história e histórias. (coautoria com Regina Zilberman). São Paulo, Ática, 1984. Monteiro Lobato: contos escolhidos. São Paulo, Brasiliense, 1989.*

(ou acaba adquirindo?) a frialdade impessoal de microscópios, luvas e pinças.

Mas ganha, em troca de tanta assepsia, economia e objetividade. Trata-se, então, de uma linguagem cujo esforço primeiro é o apagamento de seu sujeito, sugerido no desaparecimento da primeira pessoa ou no enfraquecimento de sua identidade. O limite do permitido é um *nós*, que tanto reflete a impessoalidade coletiva de uma equipe, quanto sugere a modéstia do sujeito que, nessa passagem do *eu* ao *nós*, sai de cena. O palco fica reservado integralmente para o espetáculo do objeto, do ser, da coisa em estudo...

Assim, na linguagem da ciência, o esforço é inicialmente voltado para a instauração e manutenção de um discurso objetivo, no qual voz passiva e formas impessoais de terceira pessoa dominam, instaurando o reino do *ele*, a não pessoa por excelência.

Resumos de trabalhos apresentados no Congresso da Sociedade Brasileira para o Progresso da Ciência (SBPC) e artigos publicados na revista da entidade ilustram isso:

Texto 1:

> Em trabalhos realizados anteriormente observou-se que radicais de carbono,gerados química e enzimaticamente, reagem principalmente com adenina e guanina (posições N-7 e C-8). Para se avaliar a especificidade do ataque dos radicais...[1]

Texto 2

> O chá de flores de *Catharanthus roseus* é utilizado pela população do interior de Minas Gerais para tratamento de processos ictéricos. Das folhas e raízes deste vegetal são extraídos os alcaloides antimitóticos vincristina e. vimblastina[2]

Texto 3

> Foram utilizados dez cães adultos, machos, sem raça definida. Os animais foram submetidos a exame endoscópico do aparelho digestivo alto, com a finalidade de se excluir qualquer patologia gástrica ou esofágica[3]

Não parece, em síntese, que os trabalhos se fazem sozinhos, que os objetivos são formulados pelos projetos, enfim, que por dentro das luvas, por detrás dos óculos e do outro lado do microscópio não há nervos nem sangue, dúvidas a resolver nem dívidas a pagar?

Passo agora a debruçar-me – sempre no encalço das peculiaridades da linguagem da ciência – sobre outro conjunto de textos: trechos extraídos agora de livros escolares de física, de química e álgebra. Por que tais textos?

Porque o texto sobre ciências que circula na escola brasileira é, com grande probabilidade, o único texto redigido em linguagem que se pretende científica a que têm acesso largos segmentos da população brasileira, e é a ele que precisamos recorrer, portanto, se queremos conhecer os modelos pelos quais o cidadão comum (?) aprende o que é linguagem científica.

É sedutora a hipótese de que o aprendiz de linguagem científica bem como o usuário pouco fluente nela, reconhecem nela (= identificam-*na* e/ou imprimem os textos que nela produzem) largas doses de objetividade e impessoalidade, intencionalmente construídas, resultando o esforço numa linguagem sem rastros, sem ecos e sem reverberações, como a dos textos 1, 2 e 3.

Os próximos textos permitirão discutir melhor isso:

Texto 4

FIGURAS CONGRUENTES

Num modo impreciso de falar, duas figuras são *congruentes* se é possível mostrar que elas "cabem exatamente uma na outra", ou ainda que "elas podem ser levadas a coincidir"; dizemos também que elas são "superponíveis", ou que elas têm o "mesmo tamanho e a mesma forma".

Expressões como "cabem exatamente", "coincidem", "superponíveis", "mesmo tamanho" e "mesma forma", embora transmitam a nossa ideia intuitiva de congruência, não são satisfatórias quando desejamos uma *definição* rigorosa. Intuitivamente sabemos que, para dois segmentos serem congruentes, eles devem ter o mesmo "comprimento", para que dois ângulos sejam congruentes, as semirretas que constituem os seus lados devem apresentar a mesma "abertura". Entretanto, estamos usando novamente palavras imprecisas.

A abordagem que adotaremos possibilita superar essa dificuldade considerando como *primitivos* os conceitos de *congruência de segmentos* e de *congruência de ângulos*.

Para caracterizar devidamente a ideia de *congruência entre segmentos,* adotamos alguns postulados. O símbolo $\equiv$ vai significar *é congruente a,* de modo que escrevendo $\overline{AB} \equiv \overline{CD}$

estaremos dizendo que o segmento $\overline{AB}$ é congruente ao segmento $\overline{CD}$[4].

O texto acima faz distinção entre *modo impreciso de falar/ideia intuitiva/palavras imprecisas* de um lado e *definição rigorosa* de outro. É, inclusive, a buscar de *rigor* que, provavelmente, levou o autor a colocar entre aspas as expressões insatisfatórias (porque não rigorosas) pelas quais introduziu intuitivamente a noção de congruência. Estigmatizadas pelas aspas, tais expressões passam a integrar a categoria de palavras impróprias, assumidamente inadequadas; a função das aspas, em situações como a do texto 4 é marcar a inadequação de um determinado termo ou expressão ao contexto no qual ele ocorre. Aspas são uma espécie de passaporte: ao mesmo tempo em que garantem o livre trânsito, já de antemão criam expectativas de sotaque...

Assim, ao aspear termos e expressões intuitivamente utilizáveis para expressar (construir?) a noção de congruência, o texto 4 está abrindo caminho para seu parágrafo final, sob medida para minha hipótese: a introdução de códigos sem ecos, rastros e aderências da linguagem cotidiana, expressam (constroem?) uma asséptica e por isso econômica, funcional e universal noção de congruência.

Trata-se, pois, do reino pleno da criação, promulgação e instauração de *uma* linguagem como mais adequada ("para caracterizar *devidamente* a ideia de congruência", diz o texto) para a expressão (criação?) de certas realidades; no caso, a linguagem da geometria, responsável pela referência *a* (criação *de?*) realidade de ângulos, segmentos, semirretas e demais berloques que constituem a realidade da geometria.

E vamos a outro texto, a outra ciência.

A outra linguagem?

Parece que não. Se não, vejamos:

Texto 5

> Desde os primórdios da Química, os químicos tentaram conhecer a massa dos átomos. Diante da impossibilidade de determiná-la segundo os valores convencionais de massa (kg e seus submúltiplos), criaram massas atômicas-padrão. Posteriormente, a evolução e melhoria das técnicas levou ao estabelecimento de massas ditas absolutas, mas aí já se sabia que a adoção de um padrão criteriosamente escolhido

tornaria os valores mais práticos e mais facilmente aplicáveis aos cálculos químicos[5].

O texto 5 estrutura-se a partir de um eixo narrativo: dos *primórdios* aos *posteriormente*, ele acompanha cronologicamente diferentes etapas da produção do conhecimento químico, relacionando a possibilidade de produção de conhecimento e o rigor do conhecimento assim produzido ao rigor, precisão e univocidade das categorias disponíveis para a produção de tal conhecimento: da inutilidade (ou imprecisão) dos "valores convencionais de massa" (equivalentes, em certa medida às "ideias intuitivas" e "palavras imprecisas" das quais o texto 4 descartou-se com tanta elegância...) ao estabelecimento das "massas ditas absolutas", "padrão criteriosamente escolhido" encontramos documentado o esforço de modelagem dos termos necessários à produção do conhecimento químico: no caso, dos termos-categoria responsáveis pela construção da Química enquanto recorte determinado do universo. É importantíssima, aqui, a expressão adjetiva "dito" que, modificando "absoluto", na realidade relativiza-o: é sensível a distância que separa um *padrão absoluto* de um *padrão dito absoluto*: este último tem, por assim dizer, as barbas de molho, isto é, autoprograma sua relatividade...

O mesmo texto 5 aponta outro traço da linguagem da ciência: seu caráter pragmático, econômico, funcional: "praticidade" e "aplicabilidade", nas linhas finais do texto, são os critérios de aferição da *qualidade* da linguagem de que dispõe a Química, para expressar o mundo que recorta e, expressando-o, expressar-se e fundar-se.

Enquanto linguagem, no entanto, a ciência não se reduz a um léxico, isto é, a um conjunto de palavras isoladas. Não se trata de garantir a cientificidade de um texto substituindo expressões correntes por outras mais rigorosas: queixar-se de dor de cabeça chamando-a de cefaleia e pedir na lanchonete um copo de H_2O não tornam científico o texto ou a situação em que ocorrem: tornam texto e/ou situação engraçados... porque contêm ocorrências lexicais tão inadequadas quanto foi inadequado o uso de termos correntes para a referência a seres, situações e relações específicas como as de que se ocuparam os textos 4 e 5.

Em nível mais complexo do que o do léxico, a linguagem da ciência marca-se também por uma sintaxe específica, ou seja, por um modo de combinar palavras e frases de forma que o tecido resultante seja o mais transparente possível, favorecendo o *aquém* e o *além* dele: nunca ele mesmo enquanto linguagem, mas apenas aquilo que, enquanto linguagem, ele constrói ou para o que aponta.

O texto 6, fragmento de uma prova de Física feita em verso, por brincadeira de um aluno, permite discutir melhor isso:

Texto 6

(...)
Seja a figura abaixo que se vê
O espelho seja a linha beta cê.
O ponto P um ponto dado seja,
Como raio incidente R se veja.
O raio refletido vem depois,
e o raio luminoso ao ponto 2.
Foi traçado em seguida uma normal,
O ângulo i de incidência a r igual.
Olhando em direção de R segundo,
A imagem vê-se nítida no fundo,
(...)

O presente do subjuntivo que abre o trecho selecionado desempenha função bem mais complexa do que a mera garantia de especificidade dos símbolos algébricos de cuja imperiosa necessidade o texto 4 convence seus leitores; tampouco o "seja" em questão responsabiliza-se pelo sucessivo refinamento de categorias necessário ao sucessivo desenvolvimento da Química discutido no texto 5.

O "seja" de "Seja a figura abaixo... " é parente do *fiat lux* que, com destaque, comparece à versão bíblica da criação do mundo. Ao enunciar "Seja a figura abaixo...", o texto em questão concede existência a algo – no caso, a uma figura – chamando a atenção dos leitores para o poder que quem enuncia o "seja" tem de, enunciando-o, postular a existência dos seres de que necessita para povoar o mundo de que fala.

Mas não é apenas da força divina do *fiat lux* que o "seja" do texto 6 se aproxima. Ele se aparenta também aos poderes mágicos tanto do imperativo do *abre-te Sésamo!* com o qual Aladim garantia seu acesso aos tesouros da caverna, quanto se assemelha, nos resultados, a invocações como *Shazam!* ou *Pelos poderes de Greyskull* com que super-heróis contemporâneos transformam-se, de mortais comuns em imortais, vivendo, pela intercessão da fórmula mágica, outra dimensão do ser.

Em outras palavras: a linguagem científica, na função de fundadora de realidades necessárias a determinadas situações, é caso particular do poder fundador da linguagem em geral.

Nessa sintaxe instituinte e fundadora, a linguagem da ciência aproxima-se, em grau máximo, da linguagem da literatura, em particular da linguagem da poesia. Por serem ambas ruptura dos usos correntes e cotidianos da linguagem, facultam a seus usuários a abissal experiência de uma linguagem fundadora, na qual palavras e seres se encontram: não pela perfeita tradução que um constitui do outro, mas pelo fato de que o outro só existe pela existência do um...

É o que o texto abaixo talvez encene melhor: trata-se do poema *Anedota búlgara*, de Carlos Drummond de Andrade.

Texto 7

ANEDOTA BÚLGARA
Era uma vez um czar naturalista
Que caçava homens.
Quando lhe disseram que também se caçam borboletas e andorinhas
Ficou muito espantado
e achou uma barbaridade[6].

A aproximação que o texto acima patrocina com o que venho dizendo relativamente à linguagem da ciência se visibiliza já na sua abertura: a expressão "era uma vez" – tão corrente na narrativa infantil – tem estatuto absolutamente homólogo ao da expressão "seja" em ocorrências como a anteriormente comentada.

Ambas convidam o leitor/ouvinte a, solidariamente com o escritor/enunciador/narrador crerem na existência daquilo cuja existência inventam/postulam, ao mesmo tempo em que frisam sua inexistência, anterior e exterior ao texto.

Assim, se as construções de linguagem não se impregnassem com marcas fortes dos contextos nos quais ocorrem com maior frequência (uma espécie de sotaque...) poder-se-ia, indiferentemente, dizer ou escrever.

Texto 8

Seja um czar naturalista que caçava homens...

Texto 9

Era uma vez a figura abaixo...

Mas, exatamente porque as construções de linguagem trazem marcas quase indeléveis de seus contextos de origem, as construções propostas em 8 e 9 causam estranheza: o usuário competente do português culto, familiarizado tanto com as convenções da linguagem da ciência quanto com as convenções da linguagem da literatura identificará, imediatamente, o uso incomum das expressões, muito embora tanto a *forma versificada* do texto 6 quanto a exemplaridade chocante do conteúdo do poema transcrito em 7 possam diluir em outras perplexidades, a perplexidade de um *seja/era uma vez* comutáveis.

Chegamos, assim, a um ponto interessante de encruzilhada da linguagem da poesia e da linguagem da ciência: ambas se cruzam, apontando uma para a criação de um universo por assim dizer autônomo e autocentrado (a linguagem da poesia) e outra para um universo que se despoja de ambiguidades e de aderências para, de forma mais cristalina, simular a possibilidade de mergulho no mundo dos seres sem a mediação sempre embaraçosa das palavras (a linguagem da ciência); são ambas convenções, construções humanas embebidas de historicidade.

É ao compreendê-las assim, e assim apossarem-se dela, que tanto o aprendiz de ciência (por hipótese, alunos das escolas de 1º e 2º graus, onde circulam os livros de que foram extraídos os textos) quanto os produtores dela (por hipótese, apresentadores de trabalhos em congressos e revistas da SBPC), quanto ainda o poeta acabam encontrando-se, privilegiados habitantes que são de um semovente e fascinante mundo de linguagens, em diferentes etapas de cristalização...

... mundo ao qual o acesso também se cumpre por uma adequada iniciação nos mistérios de linhas e entrelinhas de linguagens específicas, como aquelas com que se defrontam leitores em geral, em textos de ciência ou de poesia.

NOTAS

1. JUSTO, Gizelle Z. *et al.* "76-D.2.3. Especificidade de ataque do radical 2-feniletil fotogerado à base guanina do DNA". *In: Resumos,* Reunião Anual da SBPC, 1989, p. 423.
2. BOËCHAT, Luís Henrique Barbosa e GUERRA, Martha de Oliveira. "15-G.1.7. Efeito do chá de flores de *Catharanthus roseus* (L) G. Don sobre o desenvolvimento pré-natal de ratos wistar". *In: Resumos*. Reunião Anual da SBPC, 1989, p. 782.
3. ARRUDA HENRY, Maria Aparecida Coelho *et al.* "Efeito de antiácido e bloqueadores dos aceptores H_2 sobre a secreção gástrica do cão". *Ciência e Cultura (Revista da SBPC) 41 (1):* 81-82, jan./1989, p. 81.
4. AREF, Anter Net *et al. Geometria 5.* São Paulo, Moderna, 1987, p. 70.
5. GALLO NETO, Carmo. *Química.* Vol. 2. São Paulo, Scipione, 1989, p. 11.
6. DRUMMOND DE ANDRADE, Carlos. "Anedota Búlgara". *In: Alguma poesia. Poesia completa e prosa.* Rio de Janeiro, Companhia José de Aguiar, 1973, p. 71.

CARTILHAS: A NEGAÇÃO DO LEITOR*

*Mary Julia M. Dietzsch***

"Imagino-me hoje um pouco à maneira do antigo Grego, tal como o descreve Hegel: ele interrogava, com paixão, sem descanso, o rumor da folhagem, das nascentes, dos ventos, em suma o frêmito da Natureza, para nela perceber o desenho da inteligência. E eu, é o frêmito do sentido que interrogo, ao escutar o rumor da linguagem – dessa linguagem que, homem moderno que sou, é a minha Natureza."

Roland Barthes. *O Rumor da Língua.*

A suavidade do *Reino da Alegria* nem sempre é comum para todas as crianças que, empurradas para o mundo das *Letrinhas Mágicas* devem *Ler a Jato* a *Cartilha no Recreio.* Aturdidas, ainda que consigam se desvencilhar dos "as" de *A Pata Nada* e dos "bês" da *vaca que baba na batata,* não é raro que se enrosquem nos "esses" do *sapo que sarou da surra* e tropecem nos "erres" do *major que coça a barba*

---

* *Trabalho originalmente publicado, com pequenas modificações, em Cadernos de Pesquisa, São Paulo, Fundação Carlos Chagas, nov./1990.*

** *Doutora em Psicologia Escolar pela USP. Professora Assistente da Faculdade de Educação da USP. Publicações: "Quem inventou a fala foi Jesus e a escrita foram as professoras". Revista ANDE, São Paulo, Associação Nacional de Educação, vol. 14, fev/1989. "Escrita: a História, na vida, na escola". Cadernos de Pesquisa, São Paulo, Fundação Carlos Chagas, vol. 71, nov./1989.*

com o polegar e do *rato que tira a rapadura do menino ruivo.* No final desses passos incertos e de engasgamento da fala, qual *Eblutinia, que tem o vício de blesidade,* muitas crianças são constrangidas a esperarem um... dois...três... anos até que acertem sua marcha e sua voz pela de *Zazá que toca zabumba.*[1]

O tumulto de vozes anônimas, que se repetem monótonas, silencia a palavra, impedindo que se ouça o rumor da linguagem. E no silêncio da palavra calada, fragmentada, por que pelas frestas entrará na sala de aula o som da *Canção de Dulce. Dulce, doce Dulce* (Meireles, 1972, p. 23) e quem deslindará com a criança o ritmo e o sentido da espuma que *escreve com letras de alga o sonho de Olga* (Meireles, 1972, p. 65), na busca apaixonante do rumor da linguagem, "ruído de fruição plural", como o entende Roland Barthes (1987, p. 76).

É pois, no contraponto das imagens acima, que refletem diferentes concepções de leitura e escrita, em oposição, que interrogo: Serão as cartilhas o grande mal de nossa alfabetização? Para quem falam as cartilhas? Que sentido tem o que dizem a crianças que, "suave" ou "amargamente", são impelidas a seguirem seus caminhos, ou melhor, a se pautarem por suas linhas?

Se hoje, quem fixa esses caminhos e imprime tais linhas, tem motivos próprios para adjetivá-los com expressões como "suave", "alegre", "colorido" – ainda que à revelia de quem deve trilhá-los – um retrospecto aos idos de mil e oitocentos, talvez sugerisse motivos diferentes. De então, a imagem que nos chega é a do professor, empenhado, ele mesmo, na tarefa de ordenar manualmente as "cartas do ABC" , atento ao coro do leitor-aprendiz que, sem perder o ritmo da soletração, deve acompanhar as cartas de letras, cuidando em manuseá-las com "pega-mão" para que não se sujem.

Ainda que diferentes em suas formas de produção e divulgação, nem as remotas "cartas do ABC", a que se seguiram as "cartas de sílabas"; nem as cartilhas – das mais antigas às atuais – conseguiram escapar às discussões, envolvendo, essencialmente, a questão do método de alfabetização. As vantagens de um método sobre o outro e a importância de se comprimir o tempo de ensino da leitura são preocupações que se manifestam muitas vezes nos títulos das cartilhas, ou nas apresentações que dela fazem seus autores. Já em 1890, na *Cartilha da Infância*, de Thomaz Galhardo, está expressa a ênfase na importância do método e na rapidez do ensino, como transcrito ainda, na introdução de um exemplar de 1968.

Em sua fala, o autor faz referência a três métodos de ensino da leitura: o antigo ou da soletração, o moderno ou da silabação e o moderníssimo ou da palavração. Para ele "... O methodo antigo é o methodo do absurdo (...) Parece que ainda bate em nossos ouvidos a toada monotona das crianças a repetirem cantarolando a multidão de syllabas sem sentido das antigas cartas do ABC". Quanto ao método da palavração diz "não ser oportuna sua aplicação (...) em vista do estado actual do ensino primário do paiz...". Galhardo (1890) continua, exaltando o método silábico, pelas suas possibilidades de "... ensinar a ler bem, no menor espaço possível de tempo...".

Muito mais que curiosidades, já superadas, essas discussões continuam e adensam a polêmica para aprofundar questões que não se esgotam no simples confronto com o problema do método, ou da urgência do tempo para a alfabetização. Ao contrário da certeza, à medida que as pesquisas e os estudos avançam, amplia-se o sentido das perguntas, retomam-se as respostas, afloram novas dúvidas. No fluir desse movimento a conversa pode assumir as mais diferentes dimensões.

Quando vistas, por exemplo, sob o prisma do tempo, nenhum esforço é necessário a fim de se constatar que as cartilhas vêm integrando o cotidiano de nossas salas de aula desde anos e anos, resistentes às controvérsias e críticas de que têm sido alvo constante. Entretanto, essa resistência ao tempo não parece guardar, em si mesma, qualquer ideia de historicidade. Apesar de sua presença reservada, em um ambiente que deveria ser dinâmico e vivo, como o de uma classe de alfabetização, as cartilhas, qual monumento estático, espreitam do lado de dentro da escola, o suceder de cenas que transcorrem lá fora.

Como alguém que olha apenas com o canto do olho, o discurso das cartilhas é impermeável a uma visão mais ampla e aprofundada do espaço à sua volta. Como esse jeito obtuso de olhar possibilita tão somente nesgas e partes do cenário, no seu através não se faz revelar o verdadeiro rosto dos atores e da realidade, onde vai se construindo a história da cultura e da sociedade brasileiras. Nesse contexto, cabe perguntar: haverá diferenças marcantes na dimensão das vozes que compunham outrora o coro das "cartas do ABC" e nas que hoje repetem automaticamente, sílabas e palavras, sem sair do caminho que outros adjetivaram (para elas)?

Foram interrogações, como as que vêm sendo levantadas, que motivaram o estudo de cartilhas utilizadas nas escolas paulistas entre as décadas de 1930 e 1970, na tentativa de se buscar, nas entrelinhas do seu discurso, o sentido de sua fala. Quatro fontes diferentes permitiram a identificação dessas cartilhas e seus respectivos momentos de uma possível difusão mais extensa: pesquisa bibliográfica, consulta a documentos e estatísticas oficiais, contato com editoras e entrevistas com dezoito professoras que trabalharam ou ainda estavam em exercício em escolas públicas. De oito professoras já aposentadas, quatro iniciaram a carreira do magistério nos três primeiros anos da década de 1930.

Os documentos consultados e, essencialmente, as informações das professoras sobre a difusão das cartilhas nas escolas em que trabalharam, orientaram a seleção daquelas a serem analisadas, como consta do quadro 1.

Quadro 1 – Algumas cartilhas usadas nas escolas paulistas no período de 1930 a 1970, conforme indicação de professores, editoras, documentos oficiais e referências bibliográficas.

1930	*Cartilha da Infância*	Thomaz Galhardo	1935 (131ª ed.); 1968,1978 (225ª ed.)
	Nova Cartilha Analytico Synthetica	Mariano de Oliveira	1916(1ª ed.); 1924-1943-1949 (162ª ed.)
	Cartilha do Povo - para ensinar a ler rapidamente	Manoel Bergströn Lourenço Filho	1928 (1ª ed.); 1942,1978 (29ª ed.)
1940	Cartilha Ensino Rápido *da Leitura*	Mariano de Oliveira	1917(1ª ed.); 1948,1958, 1978 (222ª ed.)
	Cartilha Sodré	Benedita Stahl Sodré	1977(250ª ed.); 1978(253ª ed.)
1950	*Caminho Suave*	Branca Alves de Lima	1970 (7ª ed.); 1978-1979 (81ª ed).
1960	*Onde está o Patinho?*	Cecília Bueno dos Reis Amoroso	1955 (1ª ed.); 1967 – ex. s/d (12ª ed.)
1970	*No Reino da Alegria*	Doracy de Paula Falleiros de Almeida	Consultados dois exemplares s/d e número de edição

A tentativa de sempre se examinar um exemplar da primeira edição de cada cartilha e todos os outros, das diferentes edições a que se tivesse acesso, não foi bem-sucedida no caso da *Cartilha da Infância*, uma das mais populares e antigas, já em uso no ano de 1890, conforme Pfromm Netto e colaboradores (1974). Situação semelhante ocorreu com a *Sodré*, que começou a ser editada pela Cia. Editora Nacional em 1948, já em sua 46ª edição, segundo informações conseguidas na própria editora. Não sendo possível localizar quem a editava anteriormente, ficou difícil conseguir em outros locais um exemplar da 1ª edição. Além dessas, os exemplares que se conseguiu examinar da cartilha *no Reino da Alegria* não apresentavam data de publicação, nem o número de edição. As cartilhas *Sodré* e *Caminho Suave*, cuja primeira edição data de 1949, foram indicadas por quase todos os professores que começaram a trabalhar em períodos a partir de 1940.

Além das cartilhas analisadas, outras foram vistas, com o objetivo de uma ideia mais abrangente do material utilizado para alfabetização nas escolas. Nesse panorama mais geral, ressaltam-se também alguns aspectos que, no quadro 1, já de imediato, chamam a atenção, tais como: o grande número de edições de uma mesma obra; títulos, sugerindo a preocupação com os métodos, principalmente, nas cartilhas mais antigas; ênfase na leitura sem muito apelo à escrita. Este último ponto, que parece indicar uma forma desgarrada de conceber os dois processos, remete-nos ao que diz Barthes (1987, p. 36), quando faz menção ao consumo, em detrimento da produção, na sociedade atual: "Trata-se de um problema de civilização: mas para mim, a minha convicção profunda e constante é de que nunca será possível libertar a leitura se, num mesmo movimento, não libertarmos a escrita".

PARA UMA LEITURA DAS CARTILHAS

Em uma perspectiva de busca de sentido, as cartilhas foram de início exploradas livremente, sem a determinação de categorias prefixadas, o olhar mais solto do começo, amiudando-se nas diferenças e no detalhe das páginas, no cuidado de cada palavra. Nesse percurso, foram-se delineando alguns traços que levaram à identificação de diferentes enunciados do "corpus" e à organização de dois processos diferentes de análise. O primeiro, que recebeu a denominação de "leitura vertical", envolveu a comparação entre diferentes edições de uma determinada cartilha, na tentativa de se encontrarem possíveis mudanças ocorridas em uma mesma obra ao longo do tempo, possível reflexo das relações entre o discurso da cartilha e o contexto histórico-cultural. A segunda abordagem, que se poderia denominar "leitura da interlocução", buscava o entendimento das formas pelas quais se organiza o discurso da alfabetização, materializado nas cartilhas, para veicular sentidos nem sempre denotados em certos processos de análise. As formas como o locutor se apropria da língua e as relações que se estabelecem no contexto da enunciação foram enfatizadas na segunda leitura. Nesse momento, foram essenciais orientações propostas no trabalho de Benveniste (1976), a respeito da intersubjetividade da linguagem e no de Pêcheux (1978), sobre o jogo de imagens que sustenta a produção discursiva.

Ao propor o discurso como linguagem em ação, Benveniste (1976) fundamenta as relações de subjetividade e pessoalidade que nele se estabelecem, enraizando a noção de *pessoa* em um contexto exclusivamente linguístico. É somente na linguagem que o homem se constitui como sujeito, sendo possível experimentar a consciência de si mesmo por contraste.

> ... Eu não emprego *eu* a não ser dirigindo-me a alguém, que será na minha alocução, um *tu* (você). Essa condição de diálogo é que é constitutiva da *pessoa*... A linguagem só é possível porque cada locutor se apresenta como sujeito, remetendo a ele mesmo como *eu* no seu discurso. Por isso, *eu* propõe outra pessoa, aquela que, sendo exterior a "mim", torna-se o meu eco – ao qual digo *tu* (você) e que me diz *tu* (você)... (p. 286).

Analisando a linguagem do ponto de vista da organização dos pronomes pessoais e dos tempos verbais, Benveniste (1976) a interroga sob a ótica da significação e da interlocução. Para ele, na interlocução, a linguagem e o mundo inteiro articulam-se sob a forma *eu/tu* (você), entidades linguísticas que se complementam e se opõem. Cada locutor em exercício de discurso define-se a si mesmo como *eu* e a um parceiro como *tu* (você). Enquanto o *eu* designa o locutor no discurso e o *tu* (você) aquele a quem se dirige o *eu*, as duas *pessoas* opõem-se à forma *ele*, que no discurso, não se remete a pessoa alguma, porque se refere a um objeto colocado fora da alocução. Segundo Benveniste (1976), o *status* assumido pelo *ele* no discurso, é o da "não pessoa"[2]

Em Pêcheux (1978), a interlocução deve ser entendida nas condições de produção do discurso, o quadro de suas significações apoiando-se no contexto histórico-social e nas formações imaginárias que envolvem escritor-leitor. Pêcheux (1978) propõe um esquema abrangente para definir o jogo dessas formações. Quando alguém se dirige a outro, aquilo que diz e as formas como diz estão impregnadas das imagens que o locutor faz de seu ouvinte, da imagem que pensa ter esse último a seu respeito, bem como as construções que pensa ter o próprio locutor e sua audiência sobre o referente.

A identificação primeira dos enunciados que foi surgindo ao longo da leitura das cartilhas seguia a configuração de suas lições. Nesse momento, destacaram-se as formas afirmativas, interrogativas e imperativas, distinção que, teoricamente, corresponde aos comportamentos por Benveniste (1976) como fundamentais do homem, falando e agindo sobre seu interlocutor, pelo discurso, quando quer transmitir conhecimentos, pedir informações e dar ordens. Essas proposições assertivas, interrogativas e imperativas distinguem-se por traços específicos de sintaxe, gramática e se apoiam igualmente na predicação. Como a grande maioria das lições é constituída pela justaposição de enunciados, agrupá-los conforme características tão amplas não significou mutilação do texto original (se esse de fato pudesse ser considerado um texto).

Foram as ideias de Benveniste (1976) e de Pêcheux (1978) que orientaram a organização dos enunciados, já observados, em categorias, ampliando-se a leitura para nela se incluírem as relações de *pessoa* que marcam o discurso da cartilha. Os enunciados foram, então, agrupados em cinco categorias. As duas primeiras, envolvendo as proposições assertivas, subdividiam-se em *Enunciados Assertivos I*, em que o locutor atribui predicados à "não pessoa", como nos exemplos: "A barata comeu a abóbora" e "A gata arranha a aranha"; e *Enunciados Assertivos II,* em que o locutor emite predicados sobre o próprio "eu", como segue: "Vi o pato na escada da escola", "Eu aproximei e dei o durex para Xavier".

A terceira categoria, *Enunciados Imperativos,* era constituída pela ação do locutor sobre o ouvinte, no sentido de dar-lhe uma ordem a ser cumprida, como se observa nos seguintes casos: "Não zombe do capuz do rapaz", "Não bata no tatu, Tito"[3], Na categoria *Enunciados Interrogativos*, obviamente, foram incluídos todos aqueles marcados pelo ponto de interrogação, ainda que muitas vezes, de um ponto de vista do contexto em que apareciam, pudessem ser considerados, semanticamente, imperativos. A ordem se escondia sob a figura de uma enunciação que bem poderia ser chamada de "pergunta retórica". Exemplos de enunciados interrogativos são: "Que bandeira é essa, Lavínia?", "Você quer fazer a lição?", "Por que não esperas o Chiquinho?".

A última categoria, dos *Enunciados Normativos,* considerava uma sequência de enunciados, emitida pelo locutor, envolvendo muitas vezes uma ação e suas consequências, para explicitar exemplos a serem imitados ou rejeitados. Normas de conduta eram apresentadas sob a forma de versinhos, de provérbios, de preceitos religiosos e morais, como segue: "Joaquim subiu no muro. Foi espiar a casa do vizinho. De repente... bumba. Por sorte caiu no capim"; "Fábio não solta balões. Ele pode causar incêndios."[4] "Eu sou um bom menino. Eu tomo banho e escovo os dentes"; "Quem auxilia o próximo é feliz".

UM TEMPO SEM HISTÓRIA

Quando comparadas as diferentes edições de uma mesma cartilha, não se fazem perceber mudanças, na organização e construção dos enunciados, que possam sugerir o reflexo de determinados fatos ocorridos na realidade histórico-social, em seu discurso. Desafiando o tempo, o texto permanece invulnerável, tanto a movimentos ligados à educação como o "Movimento dos Pioneiros", em 1932, quanto àqueles ocorridos no cenário histórico mais amplo. Nas oito cartilhas analisadas, o que se faz notar são mudanças relacionadas principalmente a aspectos referentes ao campo gráfico. Pode-se dizer que, nas cartilhas, o discurso sobrepõe-se ao dinamismo da realidade e à polissemia das falas, que não se deixam obscurecer por vozes "autorizadas" e nebulosas.

As cartilhas, cuja primeira edição acontece até a década de 1930, mantêm o mesmo conteúdo ao longo dos anos, apresentando, quase que somente, as mudanças exigidas pela adaptação ortográfica e diferenças nas formas de apresentação externa e nas ilustrações. As gravuras coloridas, elaboradas e bonitas de se ver, das primeiras edições, foram se transformando, a partir de 1940, em desenhos esquemáticos e incolores. Os motivos que levaram à transformação das antigas ilustrações coloridas em desenhos empobrecidos e sem graça parecem próximos da massificação e da simplificação, distanciando-se, portanto, das considerações feitas por Walter Benjamin (1985) a respeito das relações infantis com as imagens incolores, que por seu caráter meramente alusivo admitem a cooperação e envolvimento da criança. "A criança redige dentro da imagem. Por isso ela não se limita a descrever as imagens: ela as escreve, no sentido mais literal." (Benjamin, 1985, p. 242).

Além dessas mudanças que caracterizam as cartilhas mais antigas, ressalta em cada uma delas um ou outro aspecto diferente, principalmente na introdução e orientação apresentadas, como foi dito a respeito da *Cartilha da Infância*. Nesse sentido, chama a atenção o fato de a *Cartilha do Povo* não trazer o nome de seu autor até a 115ª edição. No prefácio do exemplar de 1939 (116ª ed.), Lourenço Filho escreve:

> ... Todas as edições foram publicadas sem o nome do autor, que o omitia por julgar que assim se realçaria no livro o caráter popular (...) Em face do Decreto-Lei nº 1.006, de 30 de dezembro, exige-se, porém, agora, que todos os livros didáticos contenham por extenso o nome do autor ou dos autores. E as leis se fazem para serem cumpridas...

As obras que começam a ser editadas a partir da década de 1940 vão ampliando o número de suas páginas em suas edições mais recentes, apresentando um conjunto maior de exercícios e de atividades como: desenhos para colorir, exercícios de copiar, completar, ligar, recortar. Aumenta também o espaço para ilustrações, diminuindo a extensão do conteúdo para leitura. A cartilha *Caminho Suave*, por exemplo, amplia as sessenta e três páginas de suas primeiras edições para noventa e seis nas últimas, tal aumento ocorrendo também no manual do professor. Tais manuais são uma inovação que começa a aparecer em volume separado a partir de 1940. Até então, na própria cartilha apareciam instruções e informações sobre seu uso, como já referido.

As mudanças que ocorrem no texto, de modo geral, parecem muito mais vinculadas a preocupações de ordem técnica sem muita importância, como corte nos enunciados, retirada de uma lição, substituição de uma ou outra "palavra-chave", como no caso ainda da *Caminho Suave*, em que a palavra "guerra" é substituída pelo vocábulo "foguete". Além de aspectos técnicos, a preocupação com a realidade parece integrar apenas aspectos do consumo, como atestam, por exemplo, "os diplominhas" que aparecem no final de algumas cartilhas, confirmando a "competência" de seu leitor e sugerindo a leitura do livro seguinte do mesmo autor. Em alguns casos não apenas o alfabetizando, mas também seu pai, sua mãe são dignos do tal diploma.

Ainda nessa ideia de promoção e de vendas, vale a pena atentar-se para a fala de um dos autores entrevistados. Afirma que seu livro não sofrera mudanças em suas edições no período de vinte e dois anos, "mas com a febre do método global as vendas caíram muito", resultando daí as modificações feitas, quase que exclusivamente no aspecto gráfico. O caráter chamativo das capas brilhantes e coloridas (ainda que confusas e deselegantes) pode sugerir a modernização do parque gráfico, mas o apelo mais forte parece ser o de conquistar, não tanto o leitor, mas quem vai "adotar" a cartilha. Nesse contexto, não parece apressado dizer que, nas cartilhas, a forma viesada de olhar a realidade interferirá também na percepção do que, para alguns, vale a pena ser percebido.

A NEGAÇÃO DO LEITOR

O total de enunciados das cartilhas analisadas, considerando-se todas as categorias, é de dois mil e cinquenta e dois. Dessas categorias, a que envolve os *Enunciados Assertivos I* corresponde a uma média que varia de 63% até 90% na soma de enunciados de cada cartilha, como pode ser observado na tabela 1. A concentração nessa categoria, que envolve a predicação à *não pessoa*, caracteriza o discurso veiculado pela cartilha como um discurso em que a correlação de pessoa não é marcada, encolhendo-se o espaço para o diálogo e a interação entre os interlocutores.

Tabela 1 – Distribuição de frequência percentual de cada tipo de enunciado em cada uma das oito cartilhas analisadas.

Cartilha	Nº total de enunciados	Frequência percentual de cada tipo de enunciado						
		Assertivos I				Assertivos II	Imperativos	Interrogativos
		Crianças	Animais	Outros	Total			
Cartilha da infância	330	5.8	8.2	46.1	63.0	17.6	14.5	4.8
Nova Cartilha Analytico Synthetica	409	36.9	17.4	14.2	74.1	4.9	5.9	15.2
Ensino Rápido da Leitura	211	19.9	43.6	4.3	78.7	5.7	3.8	11.8
Cartilha do Povo	164	19.5	25.0	20.1	68.9	18.9	6.7	5.5
Cartilha Sodré	228	22.4	14.9	36.4	86.0	8.8	3.5	1.8
Caminho Suave	218	29.8	11.9	34.0	82.7	1.8	10.6	6.9
Onde está o Patinho?	241	13.3	21.2	19.1	58.2	20.7	12.4	8.7
No Reino da Alegria	251	36.3	24.3	24.3	90.5	4.8	2.0	2.8

A *não pessoa* pode indicar tanto uma forma de reverência, que eleva o interlocutor acima da condição de pessoa e da relação homem a homem, quanto significar um testemunho de menosprezo, para rebaixar e anular aquele que nem merece que alguém se dirija a ele pessoalmente (Benveniste, 1976). No primeiro caso estariam as formas de tratamento, existentes em algumas línguas, que são dispensadas a reis e outras pessoas da "nobreza", sejam elas ligadas ao governo, à igreja, à academia. No segundo caso talvez se pudessem incluir, como exemplo, as referências feitas ao diabo, no *Grande Sertão: Veredas*: "Em falso receio desfalam o nome dele..." (Rosa, 1976, p. 9), que pode ser "o Que-Diga, o Cujo, o Capiroto, o Demo, o sem nome".

Se a enunciação do discurso das cartilhas é caracterizada pela impessoalidade, a grande maioria de enunciados dizendo respeito *à não pessoa*, consequentemente a interação *eu/tu* (você) fica comprometida.

É significativo que em todas as cartilhas analisadas apenas em treze situações o locutor se dirige ao *tu* (você), sem que essa locução envolva uma ordem ou uma interrogação. Se a relação locutor (a pessoa subjetiva que assume o discurso-ouvinte) (o *tu* (você) que constitui o objeto da ação verbal a quem o discurso é dirigido) é concretizada – nas poucas vezes em que aparece nas cartilhas – sob a forma imperativa, é possível pressupor que no discurso da alfabetização a fala é negada ao leitor, no caso o aluno que se alfabetiza, e portanto sua possibilidade de agir e argumentar como pessoa.

Assim, a ideia que o aluno possa ter sobre o referente, no caso a escrita e a leitura, as possíveis pressuposições que faz a respeito de quem lhe fala por meio da cartilha e a imagem que tem de si mesmo são desconsideradas. Dessa forma, a informatividade do discurso, que deverá encontrar respaldo no universo de significações e de conhecimento do ouvinte, não é levada em conta. O espaço da argumentação e informatividade é preenchido pelas ordens que se apoiam no imperativo e nas normas e valores ditados, explícita ou implicitamente, sendo reforçadas as formas de manipulação da linguagem e suas características de impessoalidade e de imposição.

Assim, as personagens, além de não assumirem no discurso o *status* de *pessoa* de modo geral, são descaracterizadas, estereotipadas, muitas vezes não apresentando nomes, ou recebendo nomes anônimos, que se generalizam e na generalização permitem que cada aluno se inclua, ou se submeta ao modelo proposto. Uma das formas de identificação das "entidades" que se apresentam na cartilha são os objetos que possuem. Os meninos têm bola, as meninas, bonecas e ambos podem ter avós e pais que possuem outras propriedades mais valorizadas, tais bens sendo privilégio de quem segue determinadas normas de comportamento, socialmente valorizadas.

Os *Enunciados Normativos,* da categoria cinco, não aparecem na tabela 1, por razões de sua especificidade. Uma vez que envolvem uma sequência de enunciados, alguns podem se incluir, quando analisados em função das relações de pessoa que neles se estabelecem, em uma ou outra das categorias anteriores. Por meio dos *Enunciados Normativos* apresenta-se à criança um mundo maniqueísta, rígido, em que a própria natureza cuida, às vezes, de impor consequências a certos comportamentos. As crianças que habitam um ou outro desses dois mundos são completamente distintas e sua atitude é definida e valorizada em função de ações aprovadas pelo adulto.

Assim, os habitantes do "mundo bom" são aplicados, estudiosos, obedientes aos professores e aos pais, rezam ao Anjo da Guarda, orgulham-se de sua bandeira e de seu país, que é o mais rico e lindo do planeta; alguns querem mesmo ser soldados para defendê-lo. Tais crianças, tão boazinhas e obedientes, são sempre recompensadas com o amor e orgulho de todos que as cercam, recebem boas notas e prêmios materiais. Ao contrário, os preguiçosos, os que soltam balões, que destroem as plantas, e chegam mesmo a tirar o soldadinho de chumbo de seu irmãozinho, habitam o "mundo mau". Nesse mundo, os seus comportamentos devem ser punidos, com o próprio remorso, com a indiferença do colega e com outros castigos, que muitas vezes parecem ser uma "consequência natural do ato mau" praticado.

Os animais têm uma função nesse universo maniqueísta, sendo apresentados com muitas das virtudes e vícios humanos. Não é irrelevante que o lugar reservado para os animais seja tão amplo. Sua presença no discurso da alfabetização quase nunca está ligada à sua agilidade, nem a sua beleza, mas simplesmente ao fato de serem animais, isso lhes permitindo praticar ações que podem ser levadas até as últimas consequências (Bogio e colaboradores, 1974). Tais ações, que podem ocorrer tanto no "mundo bom", quanto no "mundo mau", foram observadas em sete situações diferentes nas cartilhas analisadas, sempre ligadas ao mal, sendo os animais punidos com a morte.

Quando se considera o discurso da cartilha em suas condições de produção, depara-se com um espaço limitado, que interfere no fluir da interlocução, deixando passar apenas uma mensagem a ser decifrada. Ora, ao se dirigir ao ouvinte – quando o faz – por meio de imperativos ou de perguntas retóricas, parece que o autor da cartilha pretende situar o seu leitor, se é que o considera como tal, em um contexto de uma só palavra, onde o sentido é sempre único. Essa forma de manipulação da linguagem pode envolver uma concepção de criança incapaz de opinar, pouco importando que se ouça o que tem a dizer, e que se atente para sua história de leitura e de escrita.

Por outro lado, o autor pode entender o seu discurso como apenas uma fala técnica, eficiente, atribuindo-lhe um estatuto de verdade que não se contesta. Essa verdade resiste ao diálogo, deixando de fora a natureza interativa e polissêmica da linguagem, para se apoiar na ideia de linguagem como instrumento, cujo domínio é o da paráfrase. Nesse sentido, parece oportuno retomar o que diz Lourenço Filho (1939), no prefácio da *Cartilha do Povo*, de sua autoria, referindo-se aos diferentes aspectos da educação popular: "... A leitura e a escrita representam apenas um instrumento, não trazem em si mesmas uma finalidade...".

Se essa ideia de escrita e de leitura como instrumento puder caracterizar o discurso que se foi desvelando, nas cartilhas analisadas, tornar-se-á mais compreensível o jogo de imagens e pressuposições que permeiam sua produção. Caso o problema seja dotar alguém de um instrumento, que por ser um instrumento, no sentido material, não faz parte da natureza humana (Benveniste, 1976), cabe, àqueles que têm o seu domínio e conhecem os modos de sua utilização, ensinar a quem não conhece as regras de seus usos e os métodos para sua reprodução. Nesse contexto, a ideia de discurso, de leitor e de texto assumem sentidos muito diferentes daqueles que se fundamentam na linguagem enquanto um espaço de interação e interlocução.

A cartilha é um espaço de ausência: falta um texto; falta um leitor e será que existe, na cartilha, um escritor?

Se tudo o que se pode falar de uma obra é que nela há texto (Barthes, 1987), e que este se complementa na leitura e interpretação do leitor, dizer que falta um texto na cartilha, e parar por aí, é tomar a palavra para anunciar um contrassenso. Mas, continuando a conversa, a imagem de insensatez se dilui no questionamento do que se entende por obra e no sentido do que seja texto. Começando por esse final, faz-se importante compreender que, para o autor acima citado, um texto não é feito de uma linha de palavras que liberam uma única mensagem, "... mas um espaço de dimensões múltiplas, onde se casam e se contestam escritas variadas..." (Barthes, 1987, p. 52). É, pois, na tensão do encontro e da dispersão que os sentidos vão sendo construídos pelo leitor.

No intervalo dessa tensão, ler é mais do que atribuir: é criar significados. Em uma atitude de quem interroga e se admira, o leitor vai escrevendo, nos espaços abertos pelo escritor, um outro texto. Embora a amplitude desses espaços possa diferir na sucessão de imagens e ritmos que suportam a ficção, e na coerência dos conceitos em que se apoia o argumento, todos eles se revigoram, impregnados das leituras e significações do leitor. Por isso, mais importante que perguntar o que o autor quis dizer, é interrogar o que o leitor compreendeu, e mais ainda, qual a sua criação.

A obra situa-se, portanto, muito além de um objeto material, palpável, que se guarda na prateleira, que se consome e pode ser descrito em suas características concretas da forma, do número de páginas e ilustrações. Seu sentido é o social. Falando pela escrita o autor pactua com o seu leitor, deixando-se apagar do texto, para que nele se insinue a linguagem. E ao suprimir a sua voz para que nela se instale a da linguagem, em seu tecido de signos, o autor deixa de ser apenas autor para se constituir como escritor. Assim, a dimensão da obra não se caracteriza mais pela origem, mas pelo seu destino. No fascínio desse jogo, "onde tudo está por deslindar, mas nada está por decifrar" (Barthes, 1987), vão se libertando a um tempo a leitura e a escrita, e nelas, o escritor.

Provavelmente, nesse momento, já não seja perturbador reafirmar que na cartilha falta um texto, um leitor, um escritor. Ainda que em algumas lições se pretenda construir narrativas e deixar despontar um texto, o que prevalece na cartilha é a justaposição de enunciados desconexos, o desfile de entidades anônimas e as ordens a serem cumpridas. Nesse contexto, o autor, longe de falar pela linguagem, no sentido de sua polissemia, tenta aprisionar o leitor em uma malha de artifícios, saturando possíveis espaços de significações com sílabas desgarradas, fonemas sem sentido e frases exemplares. Aí, nada está por deslindar, mas tudo está por decifrar, uma vez que em nome da técnica e do método todos os outros argumentos se destroem.

Felizmente, nesse jogo de braço entre a cartilha e a criança, nem sempre vence a primeira, e leitores, soltos em seus sentidos e suas fantasias, conseguem retomar a fala e imaginar ideias que a cartilha jamais pretendeu "passar". Ao descrever suas primeiras experiências de leitura, Graciliano Ramos (1984, p. 104), apesar da dureza dessa vivência, ainda consegue se intrigar: "... Fala pouco e bem: ter-te-ão por alguém... Esse Terteão para mim era um homem e não pude saber que fazia ele na página final da carta... Mocinha, quem é Terteão? Mocinha estranhou a pergunta. Não havia pensado que Terteão fosse homem. Talvez fosse. Fala pouco e bem: ter-te-ão por alguém...".

Nessa busca de sentidos, nem todas as memórias são amargas como as do menino que procurava adivinhar quem era Terteão. Pode ser que o leitor, a essa altura, com a lembrança em outro lugar, divague absorto, retomando imagens do "caminho suave", de "eva viu a uva", lembrando entretido a primeira página da "Sodré", onde "a pata nada"[5]. Como quem resiste a uma possível tentativa de destruição de momentos, que ainda merecem ser lembrados, mesmo que concorde com algumas das ideias do que foi dito sobre a cartilha, o leitor talvez se pergunte sobre sua própria alfabetização e a de tantos outros que passaram por caminhos semelhantes: se a cartilha é "tudo isso", como é que a tantos conseguia alfabetizar?

Nas muitas respostas que podem ser dadas a essa indagação, algumas podem servir de começo para que se construam futuras explicações ou até que se levantem novas perguntas a respeito do papel das cartilhas na leitura e na escrita. A primeira das respostas pode indicar o vigor da palavra e a força do leitor, que na construção de seus sentidos e de suas fantasias não se deixa aprisionar. Mesmo porque sua força não é tirada da cartilha, mas de muitos outros encontros com a leitura e a escrita, em lugares pelos quais a cartilha não ousou passar.

É conhecido também que, muito raramente, o professor que usa a cartilha para alfabetizar, a ela se submete fielmente, ancorando apenas nas suas pautas o trabalho que desenvolve. O que faz, a maioria, é ampliar os dizeres da cartilha, com a sua própria fala e a das crianças, buscando nas fontes mais diversas os temas e as ideias para se apoiar. Quem não conhece, ou já ouviu falar das criações e recriações feitas pelo professor a partir da própria cartilha? Inventam e leem histórias, constroem cartazes, compõem versos e cantigas, deixam a criança falar e entusiasmam-se com sua escrita. E ainda que muitas dessas práticas possam merecer críticas, de um ponto de vista pedagógico e da concepção de linguagem que assumem, o que importa é o convite feito à criança para delas participar. Ao aluno é dada a palavra, e no diálogo vai se construindo um espaço de conhecimento, permeado pela afetividade.

Faz-se importante lembrar ainda o interesse que podem ter o livro e os primeiros contatos com a escrita, para a criança, se o seu ambiente sociocultural assim o permitir e incentivar. Em sua atração primeira, a força que vem do livro parece situar-se na própria ideia do que é o livro, no fascínio pela obra, na descoberta dos sinais escritos. A criança constrói e busca o segredo do livro nas pausas de suas possibilidades, antecipando os heróis e os momentos que possa abrigar, as histórias e os mundos que dele se fazem despontar, na emoção que introduz as primeiras leituras, como descreve Picon (1970, p. 75):

> ... Ainda não sabia ler e ouvir, quando compreendi que as palavras ouvidas tinham outra existência além da oral, que elas eram sinais sobre o papel. Então, deixei de prestar atenção à história, para maravilhar-me com a revelação de que as palavras mais corriqueiras, de que nos servimos na vida comum, pudessem existir em um plano que não era o da vida, e sobretudo que houvesse no livro expressões como "disse ele", "respondeu ela", que não eram expressões da vida, e cuja intervenção atestava a presença de uma realidade misteriosa que, confusamente, me surpreendia e causava satisfação. Não perguntava mais: "Que vai acontecer?", mas: "Está mesmo escrito?". Não desejava saber o fim, mas queria ouvir novamente o começo...

COM A PALAVRA, A PROFESSORA

Paradoxalmente, a partir da discussão feita sobre cartilhas e dos problemas apontados na análise do discurso de algumas delas, dizer que a solução seria abolir o uso da cartilha seria um contrassenso. Não se pode atribuir à cartilha a responsabilidade pelo fracasso da alfabetização, sem antes examinar o espaço mais amplo da escola e do sistema de ensino onde acontece esse processo. Na precariedade de nosso ensino, a ideia de retirar as cartilhas das mãos do professor, substituindo-as por outras práticas e outros métodos, não tem apresentado soluções mais amplas que mereçam ser consideradas (Freitag, 1990).

Das pesquisas, estudos e propostas que se referem à alfabetização, ao professor, muitas vezes, chegam apenas informações fragmentadas, por leituras viesadas. Não basta, portanto, querer que os professores passem uma borracha em sua história profissional e mudem de repente sua prática, como se "uma palavra de ordem" fosse suficiente, para que, da noite para o dia, todos "virassem construtivistas" como reza a moda atual.

Nesse sentido, parece importante mencionar o que uma professora da rede pública diz a respeito do sério e inteligente trabalho de

Emília Ferreiro (1980), ou porque não lhe foram facilitadas condições suficientes para entendimento das ideias da autora, ou porque no momento não estivesse ainda preparada para uma leitura mais aprofundada do sentido da pesquisa de Ferreiro (1985). O certo é que na pressa e no modismo, a professora vem trazendo problemas sérios para o trabalho com seus alunos, pensando seriamente que agora tudo está resolvido, quando diz: "Então eu deixei de lado a cartilha e tô seguindo 'o método de Emília Ferreiro'. Primeiro eu aplico 'as sondagens' e vejo em que fase a criança está: na pré-silábica, na silábica ou na alfabética. Depois eu trabalho o nome delas, deixo elas lerem como elas entendem e faço os exercícios da 'boquinha' e ela logo vai mudando de fase".

O exercício da "boquinha", como explica a professora, consiste em apresentar palavras escritas à criança que ela deve ler e marcar, seguindo os sons da fala e as letras da escrita, como no exemplo:

borboleta – na boquinha
na mãozinha

Assim, mais que "palavras de ordem", importa a compreensão de que a concepção de leitura e escrita que fundamenta o trabalho da alfabetização é que deve ser retomada e rediscutida, sem perder de vista o compromisso profissional e político do professor. A ele têm que ser dados os "prazos", para refletir, estudar e poder viver dignamente, "... pois quem mói no asp'ro não fantaseia..." (Rosa, 1976, p. 11). Nesse contexto, a história de leitura e escrita do professor e o sentido de sua voz em seus pedidos e recusas têm que ser entendidos em suas mais diferentes significações.

NOTAS

1. As expressões grifadas correspondem a nomes de cartilhas e fragmentos extraídos de seu texto, como explicitado adiante e nas referências bibliográficas.
2. Para desvendar a estrutura das oposições que diferenciam as pessoas no discurso, Benveniste (1976, p. 250) parte das definições empregadas pelos gramáticos árabes. A primeira pessoa para esses gramáticos é *al-metakallimu,* significando "aquele que fala"; a segunda pessoa,

al-muhatabu, "aquele a quem nos dirigimos", e a terceira pessoa é *al-ya'ibu*, "aquele que está ausente".

3. Não foi estabelecida uma categoria para enunciados em que o locutor emitia predicados ao *tu* (você), pois observou-se desde: o começo que, em raros casos, esse tipo de enunciado poder-se-ia incluir nas formas imperativas, tanto no contexto das lições, como no das instruções dadas nos exercícios.
4. Observa-se no enunciado transcrito da cartilha um problema na organização referencial que pode interferir na legibilidade. Situações como essa e outras, envolvendo diferentes problemas no uso da língua, não são raras nas cartilhas examinadas.
5. Em minhas lembranças: a querida figura de Irmã Michaela que, com seu forte sotaque holandês, compassava os intervalos de "eva viu a uva" com a palavra fantástica da História Sagrada e com as imagens do relógio do inferno que repetia "sempre nunca... sempre nunca....".

REFERÊNCIAS BIBLIOGRÁFICAS

BARTHES, R. *O rumor da língua*. Lisboa, Edições 70, 1987.

BENJAMIN, W. *Magia e técnica, arte e política*. São Paulo, Brasiliense, 1985.

BENVENISTE, E. *Problemas de linguística geral*. São Paulo, Nacional,1976.

BOGIO, A.; LORA, C.; RIOFRIO, G.; RONCAGLIOLO, R. *Cuesta arriba o cuesta abajo*? Lima, Centro de Estudios e Promocion del Desarollo, 1976.

DIETZSCH, M. J. M. *Alfabetização: propostas e problemas para uma análise de seu discurso*. São Paulo, Tese de mestrado defendida no Instituto de Psicologia da USP, 1979 (mimeo).

FERREIRO, E. *Reflexões sobre alfabetização*. São Paulo, Cortez, 1985.

FERREIRO, E. e TEBEROSKY, A. *Los sistemas de escritura en el desarollo del niño*. México, Siglo XXI, 1980.

FREITAG, B. "Alfabetização e psicogênese: um estudo longitudinal". *Cadernos de Pesquisa São Paulo, Fundação Carlos Chagas, 72*: 29-39, fev./1990.

MEIRELES, C. *Poesia. Ou isto ou aquilo e inéditos*. São Paulo, Melhoramentos/MEC, 1972.

PÊCHEUX, M. *Hacia el analisis automatico el discurso*. Madrid, Grados, 1978.

PFROMM NETO *et al.* *O livro na educação*. Rio de Janeiro, Primor/ MEC, 1974.

PICON, G. *O escritor e sua sombra*. São Paulo, Cia. Editora Nacional/ EDUSP, 1970.

RAMOS, G. *Infância*. Rio de Janeiro, José Olympio, 1955.

ROSA, J. G. *Grande Sertão: Veredas*. Rio de Janeiro, José Olympio, 1976.

SPOSITO, Y. L. *A problemática de alfabetização: contribuições teóricas para a prática escolar*. São Paulo, PUC, Psicologia da Educação nº 8, dez./1986 (mimeo).

Cartilhas consultadas (além das analisadas, como referidas no quadro I).

FERREIRA, R. M.; ERBANO, F. J.; BRANDALISE, M. M. *Letrinhas Amigas*. (Livro do Professor). São Paulo, Ática, s/d.

FORLI, M. L. A. *Letrinhas Mágicas. Prontidão para a escrita*. (Livro do Professor). S/local, editora e data.

JUNQUEIRA, S. e JORGE, W. J. *Mágica das Palavras*. São Paulo, Abril Editora, 1980.

PAIVA, E. L. *Cartilha Brasileira de Alfabetização*. 58ª ed. S/local, editora e data.

ROSAMILHA, N. e col. *Cartilha no Recreio*. São Paulo, Primor Educacional, 1974.

TOMATIS, G. F. *Ler a jato*. Porto Alegre, Tomatis, 1973.

O PROFESSOR COMO LEITOR DO TEXTO DO ALUNO*

*João Wanderley Geraldi***

"Meu professor de análise sintática era o tipo do sujeito inexistente.
Um pleonasmo, o principal predicado da sua vida,
regular como um paradigma da 1ª conjugação.
Entre uma oração subordinada e um adjunto adverbial,
ele não tinha dúvidas: sempre achava um jeito assindético
de nos torturar com um aposto.
Casou com uma regência.
Foi infeliz.
Era possessivo como um pronome.
E ela era bitransitiva.
Tentou ir para os EUA.
Não deu.
Acharam um artigo indefinido em sua bagagem.
A interjeição do bigode declinava partículas
expletivas, conetivos e agentes da passiva, o tempo todo.
Um dia, matei-o com um objeto direto na cabeça."

Paulo Leminski, "O assassino era o escriba". In: *Caprichos & Relaxos*.

---

* *Texto elaborado a partir de comunicação apresentada no Congresso Brasileiro de Alfabetização, São Paulo, 13 a 15 de set./1990.*

** *Doutor em Ciências pela UNICAMP. Professor do Departamento de Linguística da UNICAMP. Publicações: O texto na sala de aula: leitura e produção. (org.), Cascavel. Assoeste, 1984. Paulo Freire: trabalho, comentário e reflexão. (org. com Adriano Nogueira). Petrópolis, Vozes, 1990. Semântica (coautoria). Coleção Princípios, São Paulo, Ática, 1985. Projeto Magistério: o ensino de Língua Portuguesa no 1º grau. (coautoria com Raquel Salek Fiad), São Paulo, Atual, 1986. Portos de passagem: linguagem, trabalho e ensino. São Paulo, Martins Fontes, 1991.*

INTRODUÇÃO

Publicando textos produzidos por professores e registrando debates realizados entre professores, o livro *Quando o professor resolve*; organizado por Regina Maria Hubner, não apenas documenta um trabalho possível e aponta soluções construídas no decorrer do processo. Mais do que isso, constitui-se num "poço" de questões, de ideias, de possibilidades. Dele retiro uma passagem em que um texto de um aluno de 4ª série é citado, e sobre o qual há uma conversa entre os professores envolvidos no projeto.

Não pretendo reproduzir o debate havido. Tomo a passagem como inspiração para a reflexão que se segue.

> ... Quem começa? Regina, por que você não fala dos textos que você trouxe?
> ... Tudo bem. Vou entrar na pele e contar a história de uma professora que conheço...
> (E a personagem entra na roda da conversa.)
> ... Eu queria que meus alunos escrevessem bastante, então, disse a eles para colocarem no papel tudo o que havia acontecido durante o dia.
> ... Você pensou em partir da experiência da criança?
> ... Pois é, mas não gostei dos resultados. Vejam por exemplo, esse aluno, Luís. Vocês acham que eu poderia dar nota numa coisa dessas?
>
> Nome: Luiz Augusto A. Soares, 26/2/87 4a. C
>
> MEU DIA
>
> Eu acordei e fui escovar os dentes e depois fui toma café. Ai eu fui arrumar a minha cama. E depois fui jogar bolinha e depois fui joga bola. E depois eu fui anda de bicicleta e depois eu fui au moça ai e fui asidi televisão. E depois eu tomei banho e fui faze a tarefa e depois vim prá escola.
>
> FIM

TESTANDO LEITURAS (E LEITORES)

Considerando que o texto de Luís respondia a uma solicitação da professora (colocar no papel tudo o que havia acontecido durante o dia) e considerando que nossa personagem não gostou dos resultados (Vocês acham que eu poderia dar nota numa coisa dessas?), não resisti ao desejo de testar outras leituras do texto. Estava trabalhando com alunos do 3º ano da graduação em Letras e ao mesmo tempo estava envolvido com um grupo de professores da rede municipal de ensino de Campinas (professores de 5ª a 8ª séries). Na primeira oportunidade que tive, li para meus alunos e para os professores a passagem transcrita acima; transcrevi o texto de Luís no quadro, e provoquei com a seguinte questão:

a) O que você faria se fosse o professor desse aluno?

Pedi aos dois grupos que dessem suas respostas por escrito. Como minha pergunta foi considerada insuficiente; a primeira manifestação que tive no grupo de alunos foi:

b) É para dar uma nota?

Respondi que deveriam anotar o que fariam, imaginando-se professores do aluno.

No encontro com os professores, a questão não surgiu dessa forma. Uma das professoras afirmou ser impossível qualquer resposta, já que não sabia *para que* o texto havia sido produzido e, em consequência, não poderia imaginar o que fazer pois, na sua opinião, nada pode ser feito com um texto de aluno se não se souber para que foi escrito.

Mas houve respostas. Apresento no quadro a seguir o resultado das observações feitas, agrupando-as em função dos objetivos do texto, problemas apontados, análises desses problemas, trabalhos propostos e preocupações explicitadas pelos sete alunos e pelos catorze professores com os quais conversamos sobre esse texto.

QUADRO 1

Observações	Alunos	Professores
1. *Quanto aos objetivos do texto*		
a) O texto do aluno seguiu a proposta feita	4	5
b) O texto á bom e adequado aos objetivos	4	5

Observações	Alunos	Professores
2. Problemas apontados		
a) Erros de ortografia	7	10
b) Erros de concordância	1	–
c) Repetições da mesma forma de conjugação verbal(ir/infinitivo)	–	1
d) Repetições dos articuladores temporais	2	13
e) Falta de detalhes nas informações dadas	–	1
3. Razões para os problemas apontados		
a) Influência da oralidade		
– sem explicitar como comprová-la	–	2
– pela ausência de 'r' nos infinitivos verbais	6	–
– pelo uso de articuladores temporais tipicamente orais, como "e depois" e "aí"	2	–
– pelos 'erros' ortográficos	4	–
– pelos 'erros' de concordância	1	–
b) Falta de leitura	2	1
c) Falta de atenção, já que oscila na grafia dos infinitivos verbais	2	–
4. Atividades propostas para tentar resolver os problemas apontados		
a) leitura do texto em voz alta pela criança	1	2
b) Sublinhar ou grifar todas as palavras repetidas, excluindo-as numa 2ª leitura	1	9
c) Sublinhar os infinitivos para tomar consciência da oscilação na grafia	1	–
d) Ler outros textos (narrativos) para melhorar as produções futuras	1	2
e) Corrigir os erros ortográficos, explicando	1	10
f) Estudar com os alunos a diferença entre a oralidade e a escrita (esta obedece a convenções e não é simples transcrição da fala)	5	–
g) Estudar com os alunos a diferença entre língua culta e língua popular (nesta teria sido escrito o texto)	–	2
h) Organizar exercícios para o aluno perceber que se pode dizer a mesma coisa de formas diferentes	1	–
i) Organizar uma dramatização do texto, para mostrar que há necessidade de relatar as atividades relatadas	–	1

Observações	Alunos	Professores
j) Estudar conjugação verbal	–	1
k) Organizar trabalho em grupo para os alunos reescreverem o texto de forma a transmitir as ideias de "modo mais agradável"	–	4
l) Estudar a função do parágrafo	–	1
m) Salientar a necessidade de os alunos relerem seu texto antes de entregar para constatar os próprios erros	–	1
n) Não fazer nada	1	–
5. Preocupação básica de qualquer atividade proposta		
a) Diferenciar oralidade de escrita	1	–
b) Deslocar a noção de erro para a compreensão das diferenças entre língua padrão e língua não padrão	1	–
c) Cuidar-se para que as atividades não inibam futuras produções dos alunos	2	4

Embora em alguns casos os problemas detectados e as atividades propostas possam ser considerados irrelevantes para o texto analisado, alunos e professores foram coerentes entre as atividades propostas e os "problemas" que selecionaram. Pode-se observar nos dados que a grande distinção entre os dois grupos está na forma de interpretação para os problemas apontados: enquanto os sete alunos atribuem os problemas à influência da oralidade, dois deles acrescentando a falta de leitura e outros dois acrescentando a falta de atenção, os professores, de um modo geral, não arriscaram explicações para os problemas que apontaram no texto: um se referiu à falta de leitura e apenas dois observaram a influência da oralidade sem, contudo, explicitar a correlação entre essa influência nos tipos de problemas apontados. A correlação fica, em seus textos, por conta do leitor e é de supor que seja a mesma estabelecida pelo grupo de alunos.

Duas outras observações relevantes:

1. Todos os professores apontaram como problemática a repetição dos mesmos articuladores temporais, enquanto o mesmo fenômeno só chamou a atenção de dois alunos.

2. O grande número de atividades propostas pelos professores, enquanto os alunos somente conseguiram apontar sete atividades, cinco delas também presentes nas propostas dos professores. Nesse

particular há, contudo, um registro necessário: os professores propuseram estudos de assuntos tradicionalmente desenvolvidos em aulas de língua portuguesa (conjugação verbal, ortografia, parágrafo), sem que tais assuntos fossem relevantes para esse texto específico.

Não se trata, no entanto, de comparar as reações dos dois grupos envolvidos. Preocupa-me que apenas um propõe uma atividade que toma as informações contidas no texto: a dramatização. E com esta notariam seus alunos que haveria necessidade de detalhar as atividades relatadas.

Que dizer, então, das leituras feitas? Trata-se de leituras de *professores*, e estas leituras revelam como o professor lê os textos produzidos pelos alunos: para tomá-los como espaço de um trabalho sobre a linguagem, esquecendo-se do trabalho que se faz com a linguagem. Os alunos, ao explicitarem as razões dos problemas detectados, foram além, considerando o próprio trabalho da linguagem e sua presença no manuseio dos recursos expressivos escritos utilizados. Mas as atividades propostas acabam esquecendo esse mesmo aspecto (cf. Geraldi, 1991).

E SE, DE FATO, O PROFESSOR QUISESSE SABER COMO FOI O DIA DO ALUNO?

O quadro dentro do qual a tarefa é realizada pelo aluno é bastante claro. A professora queria que os alunos escrevessem bastante... por isso, partiu da experiência vivida. Mas seu desagrado pelos resultados revela que, de fato, não havia interesse em saber da experiência relatada. Também "meus leitores", em suas observações, tomaram o texto sem qualquer interesse demonstrado em saber o dia de Luís. As informações dadas lhes foram suficientes. E a partir delas listaram enorme quantidade de atividades... Como são insuficientes (apenas enumeram atividades feitas, sem opinar, sem sentimentos, sem detalhes) e como qualquer dos "meus leitores" não se preocupou com isso, posso concluir que meus leitores não foram absolutamente curiosos. E nosso aluno Luís, já na 4ª série, sabe que, de fato, não se quer saber nada de seu dia. Quer-se, apenas, que escreva (bastante, se possível). A tarefa que se lhe propõe, portanto, é de um relato que não valerá como relato para alguém interessado no que ele fez durante o dia; é um relato que deve mostrar que manuseia recursos expressivos sem que do outro lado haja alguém que considerará os resultados de tal manuseio, mas que tomará os próprios recursos expressivos como objeto de leitura. Opacifica-se o texto, pois não importa com que intenções se trabalhou com a linguagem; importam, na leitura, os esmiuçamentos dos recursos, nada mais.

Se houvesse qualquer curiosidade no leitor, no mínimo algumas perguntas seriam possíveis:

1. Afinal, você acordou no horário de sempre? Alguém o chamou? Como você acorda?
2. Que pasta de dentes você usa ao escovar os dentes?
3. Você perdeu ou ganhou no jogo de bolinha?
4. Com quem você jogou bola?
5. A que horas você saiu de casa para vir para a escola? Como você veio?

As respostas a tais perguntas, evidentemente, determinarão uma reescrita do texto em que as operações do leitor provocarão operações linguísticas de adição, de substituição, de detalhamento, etc. As pesquisas com base em rascunhos de textos têm apontado algumas dessas operações como fundamentais na construção de novas versões de textos, e por isso operações necessárias para a construção de textos (cf. Fiad, 1990).

Note-se, pois, que a leitura dos textos dos alunos pode ser o primeiro caminho para um trabalho sobre a linguagem. Um trabalho que, por querer efetivamente saber o dia de Luís, acaba por ser mais útil à própria compreensão dos recursos expressivos manuseados na construção de textos.

REFERÊNCIAS BIBLIOGRÁFICAS

HUBNER, R. M. (org.). *Quando o professor resolve*. São Paulo, Edições Loyola, 1989.

FIAD, R. S. "Operações linguísticas presentes nas reescritas de textos". Comunicação apresentada no IX Congresso Internacional da Alfal. Campinas, ag./1990.

GERALDI, J. W. *Portos de passagem: linguagem, trabalho e ensino*. São Paulo, Martins Fontes, 1991.

A ESCRITA COMO TRABALHO*

*Raquel Salek Fiad***
*Maria Laura Trindade Mayrink-Sabinson****

São muitos os estudos sobre textos produzidos por alunos de diferentes níveis geralmente em situação escolar. Pretendemos aqui discutir especificamente a reescrita de textos a partir de um trabalho realizado junto a alunos universitários do 1º ano de Letras/Linguística do IEL/UNICAMP, no primeiro semestre de 1989. De início faremos uma exposição da concepção de escrita que embasa este trabalho e das condições de produção dos textos reescritos. Em seguida, observando os comentários feitos por esses alunos sobre a reescrita e comparando seus textos originais com suas reescritas, discutiremos como a escrita é vista pelos alunos durante o processo desenvolvido durante o curso.

---

* *Comunicação apresentada durante o VII Congresso de Leitura no Brasil (COLE), realizado em Campinas, SP, set./1989.*

** *Ph.D. em Linguística pela State University of New York (Buffalo). Professora-assistente do Departamento de Linguística Aplicada da UNICAMP. Publicações: "Ensino de língua materna: gramática x leitura e redação?" In: Leitura: teoria e prática. Fac. Educ. UNICAMP/ALB nº 7, Porto Alegre, Mercado Aberto, 1986. Projeto magistério: o ensino de Língua Portuguesa no 1º grau (coautoria com João Wanderley Geraldi). São Paulo, Atual, 1986.*

*** *Ph.D. em Linguística pela State University of New York (Buffalo). Professora-assistente do Departamento de Linguística Aplicada da UNICAMP. Publicações: "Para que serve a escrita quando você ainda não sabe ler e escrever?" In: Leitura: teoria e prática. Fac. Educ. UNICAMP/ALB, nº 16, dez./1990. "Alternativas mercadológicas no ensino da leitura: a questão da alfabetização". In: Anais do 6º COLE. Fac. Educ. UNICAMP/ALB, 1987. "Refletindo sobre alfabetização". In: Leitura: teoria e prática. Fac. Educ. UNICAMP/ALB, nº 7, 1986.*

Ao assumirmos a disciplina Prática de Leitura e Produção de Textos que é ministrada a alunos calouros, tínhamos clara uma concepção de linguagem e de escrita que queríamos trabalhar com nossos alunos. Assumindo que a linguagem é construída pela interação entre os sujeitos, entendemos que, na modalidade escrita da linguagem, essa construção envolve momentos diferentes, como o de planejamento de um texto, o da própria escrita do texto, o da leitura do texto pelo próprio autor, o das modificações feitas no texto a partir dessa leitura.

Não vamos nos deter aqui na discussão ampla que existe na psicolinguística sobre o processo da escrita e que tem como um de seus objetos descrever as etapas da escrita, sua ordenação ou hierarquia. Tomamos como ponto de partida o que é consenso em toda essa literatura: a escrita envolve um momento que pode ser considerado de pós-escritura: a revisão. Concordamos com os autores que consideram que as etapas da escrita ocorrem recursivamente, dentre elas a revisão, que é a que nos interessa mais aqui. No entanto, vamos nos deter exclusivamente no estudo da revisão que ocorre após a escrita do texto e não durante a escrita ou até mesmo antes dela.

Levando em consideração, portanto, que a escrita é uma construção que se processa na interação e que a revisão é um momento que demonstra a vitalidade desse processo construtivo, pensamos a escrita como um trabalho e propomos o seu ensino como uma aprendizagem do trabalho de reescritas. Consideramos um texto como um momento no percurso desse trabalho, sempre possível de ser continuado. O texto original e os textos dele decorrentes podem nos dar uma dimensão do que é a linguagem e suas possibilidades.

Os procedimentos desenvolvidos durante o curso foram baseados nesses pressupostos acima colocados. Por um lado, sabíamos que os estudantes já dominavam a escrita. Por outro, imaginávamos que a prática da reescrita não lhes seria muito familiar, devido ao conhecimento que temos de como geralmente se procede o trabalho de escrita na escola de 1º e 2º graus, onde geralmente o professor é um corretor do texto do aluno. Pretendíamos inverter essa situação, de maneira que o próprio aluno fosse leitor e revisor de seus textos e dos de seus colegas.

O material de que dispomos refere-se a textos de 40 alunos produzidos durante um semestre letivo. Todo esse material – os textos com suas reescritas, além de observações dos alunos sobre a reescrita –

foi recolhido em situação normal de sala de aula, isto é, não houve situação específica de experiência nem de testes. Foi o desenrolar do curso que forneceu os textos que vamos analisar e comentar. Foram produzidos textos de diversos tipos, mas a maior parte das reescritas refere-se a resumos, um tipo de texto que foi bastante trabalhado e discutido durante o semestre.

As situações de reescrita aconteceram de diferentes maneiras: ou provocadas explicitamente (a partir de observações feitas pelo professor ou por algum colega), ou espontâneas (a partir de comentários gerais sobre os textos com a classe).

Tínhamos um duplo objetivo no trabalho que desenvolvemos: por um lado, queríamos que os alunos adquirissem a visão de que escrever é, antes de tudo, um trabalho em que ele se constitui como autor e em que o seu texto é constituído. Por outro, queríamos verificar como os alunos, no caso sujeitos da pesquisa, veem a escrita e como um trabalho como o que propusemos poderia interferir nessa visão. O duplo objetivo revela um interesse pedagógico e um de pesquisa que, no caso em questão, foram se desenvolvendo paralelamente. Aqui vamos nos deter nas questões relativas à pesquisa, que são basicamente duas:

1. Como os alunos pensam a escrita?
2. Quando reescrevem, que mudanças ocorrem em seus textos?

COMO OS ALUNOS PENSAM A ESCRITA

Os dados aqui apresentados prendem-se exclusivamente a comentários feitos pelos alunos em dois momentos específicos: o primeiro foi a partir do primeiro texto produzido, quando se pediu que, em grupos, lessem os textos uns dos outros, fizessem observações e daí, retomando o próprio texto, o reescrevessem atendendo às observações dos colegas. O segundo momento foi no último texto produzido durante o curso, quando lhes foi pedido que avaliassem o curso e suas escritas durante o mesmo.

Os comentários feitos a partir do primeiro texto surgiram quando alguns alunos optaram por não reescrever seus textos e justificaram essa opção. Observemos alguns desses comentários:

> Achei que meu texto ficou razoavelmente bom e, como as críticas foram boas, acho que não há necessidade de reescrever.
>
> Não vou fazer outro texto porque se eu o fizer vai sair totalmente fora do que eu queria dizer no início.
>
> Eu não vou reescrever... porque acho que se eu fizer outro texto não passarei minhas impressões da escola de uma forma natural, pois eu estarei preocupada com uma elaboração mais enriquecida.
>
> Não vou refazer porque já foi difícil escrever esse primeiro e será mais difícil escrever um segundo, já que não vai ser uma sensação, uma coisa sentimental. Vai ser pensada e mudada.
>
> Se eu fosse reescrever, tenho a impressão de que mudaria muito pouco. O que eu poderia mudar seria o estilo, optando por algo menos pessoal.
>
> Achei meu texto um tanto desconexo... não vejo como interligar os parágrafos.

Ainda um outro de uma aluna que reescreve o texto, mas comenta a dificuldade de agradar a todos os quatro leitores da primeira versão:

> Se eu resumir o texto e acrescentar um parágrafo final eu estarei criando um texto inteiramente novo e sujeito a novas críticas.

O que podemos depreender dessas afirmações? Qual a visão de reescrita e de escrita aí presente? Podemos ver claramente que, para os alunos:

– A reescrita torna o texto frio, sem emoção; portanto, escrever seria resultado de uma emoção.

– A reescrita só deve acontecer quando o texto original é um mau texto.

– A reescrita (assim como a escrita) é difícil (seja por falta de conhecimento de outras opções linguísticas, seja por envolver um trabalho).

É facilmente percebido que nossos alunos não entendem, nesse momento, a escrita como um trabalho, mas sim como fruto de uma emoção, de um momento de inspiração e que a reescrita quebraria esse encanto do primeiro momento.

Vejamos, em seguida, os comentários feitos no final do semestre:

Escrever realmente é prática. Escrita é um processo que deve sempre ser trabalhado.

Para mim foi muito bom o curso, pois quanto mais escrevemos, descobrimos que precisamos aprender mais. Foi muito interessante trabalhar com textos reescritos, organizando as ideias de uma forma diferente.

Uma coisa que passou a me preocupar ao participar do curso foi com o leitor, isto é, escrever alguma coisa sabendo que haverá alguém interessado em ler e entender aquilo que está redigindo.

Creio que houve uma mudança bem mais séria na minha escrita e uma preocupação bem maior que antes, no sentido de transmitir a terceiros com maiores detalhes o que para mim era óbvio e inteligível.

... poderia dizer que foi produtivo e interessante. No sentido de que o curso exigia de você uma constante reflexão daquilo escrito antes por você. Nesta reciclagem, provocava um progresso que será difícil você especificá-lo [*sic*] mas sabe que existe. Talvez pelo motivo de que sempre você está se comparando a algum escritor, mas esquece de comparar-se.

... mesmo percebendo que o que eu considerava como escrever bem é na verdade um engatinhar no campo da leitura e produção de textos. Para que seja possível a realização de um bom trabalho, como o próprio nome diz, é necessário muito trabalho.

... comecei a ver o próprio ato de escrever de uma maneira diferente, como algo que tem que ser feito, refeito, pensado e repensado, o que escrevemos há meses correspondia ao modo que víamos as coisas nesse período, que muitas vezes seria totalmente diferente do que escreveríamos hoje, embora possuísse o mesmo tema.

Outro fato importante que observei, foi que não consigo refazer meus textos. As modificações que consigo fazer são irrelevantes. Percebo um certo receio em alterar o que já está escrito.

A crítica de colegas e observações da professora eram muito valiosas porque nos fez perceber que nem tudo que é claro pra uma pessoa é para a outra. Assim, procuramos maneiras melhores para nos expressar, nos preocupando mais com a pessoa que vai ler.

A maior dificuldade que encontro é reescrever um texto, pois quando tento fazer isso certamente digo algo diferente do que foi dito anteriormente e que não gostaria de dizer – eis o motivo pelo qual mudei apenas algumas expressões nos textos que reescrevi.

> O mais importante para mim foi descobrir que o texto pode (e deve!) sempre ser refeito para que se possa melhorar. Em todos que refiz, sempre o segundo ficou mais claro e objetivo, não que tenha ficado perfeito, mas pelo menos foi possível corrigir certas coisas que passaram desapercebidas no primeiro.
>
> A questão de reescrever os textos com o objetivo de eliminar os erros e melhorar o original também nunca tinha sido muito abordada por mim. Depois de refazer o original, notei muita diferença para melhor.
>
> O mais importante para mim foi o auxílio nos trabalhos de outros cursos. Principalmente o trabalho de reescritura do texto.
>
> ... quanto a boa escrita deve a um trabalho árduo e persistente, não sendo fruto de nenhuma inspiração divina.

A partir desses comentários, pode-se notar que a dificuldade da escrita persiste mas aliada agora a uma consciência dessa dificuldade. Por outro lado, há a descoberta da possibilidade de mudança. Finalmente, nota-se uma preocupação com o interlocutor-leitor e a consciência de que escrever é trabalhar.

Sabemos que esses exemplos aqui citados não refletem as opiniões de todos os quarenta alunos. Seria ingênuo supor isso. Mas este trabalho não teve um interesse quantitativo. É interessante chamar a atenção para o fato de que algumas opiniões de fim e início de semestre aqui citadas são dos mesmos alunos, que demonstram uma mudança de atitudes em relação à reescrita.

QUANDO REESCREVEM, QUE MUDANÇAS FAZEM?

Observando os textos originais e suas reescritas, podemos constatar que as mudanças efetuadas, em sua grande maioria, apresentam duas características: em primeiro lugar, as mudanças são uma resposta a alguma observação feita pelo leitor (professor ou colega) ao texto ou parte dele, em segundo lugar, as mudanças efetuadas não são de natureza superficial (como, por exemplo, mudanças de ortografia, correções gramaticais), mas são mudanças que remetem geralmente a uma maior clareza e organização do texto ou a uma maior adequação ao tipo de texto exigido (por exemplo, um resumo), que foram as preocupações maiores durante o curso.

A preocupação com maior clareza e organização do texto manifesta-se principalmente através da *substituição* de expressões ou construções por outras que, do ponto de vista do autor, estariam deixando o texto mais adequado. Observemos alguns destes exemplos, tal qual foram escritos:

1a. Ao aceitar-se esse desafio, surge o trabalho de estudar, que exige do estudante uma posição crítica, uma disciplina intelectual adquirida com a prática; porém, na educação bancária toma-se uma posição contrária; assim, o estudante adota um processo de leitura mecânica e simples memorização de conteúdos, não se preocupando com a compreensão do texto.

1b. A aceitação deste desafio faz com que o trabalho de estudar exija do estudante uma posição crítica, uma disciplina intelectual adquirida com a prática, contrariando a "educação bancária", na qual adota-se um processo de leitura mecânica e simples memorização de conteúdos, não preocupando-se com a compreensão do texto.

2a. Não é válido percorrer páginas e mais páginas sem que haja uma boa compreensão textual. Através desse ato de humildade elimina-se aquele conceito de que estudar é um simples consumo de ideias, mas sim um desafio de criar e recriar o mundo.

2b. O autor afirma que se existir o espírito de humildade o estudante não se sentirá diminuído quando não entender um determinado trecho. Salienta também que o estudar não é um ato de consumir ideias mas puramente um ato que envolve a criação e recriação destas ideias.

3a. Na "educação bancária" não ensina o leitor há ter uma visão de curiosidade e criatividade em relação ao texto.

3b. A "educação bancária" é a que ensina o leitor a mecanizar a leitura, gerando a decoração e a fuga do texto.

4a. Como vivia no interior a maioria das crianças já me eram conhecidas e isso me fez sentir menos amedrontada. A professora era carinhosa o que tornou essa primeira experiência muito agradável e divertida.

4b. Eu já conhecia a maioria das crianças, pois morava no interior, portanto fiquei menos amedrontada. Minha professora era agradável e carinhosa, acentuando o meu bem estar e diversão desta primeira experiência.

5a. Uma bibliografia deve inspirar em seu leitor o desejo de saber mais. Se isso acontece há um desafio do leitor pelo texto, do qual o leitor deve se colocar das seguintes maneiras para seu estudo...

5b. Se a bibliografia escolhida inspirar no leitor o desejo de saber mais sobre o texto, o leitor deve se portar das seguintes maneiras...

Pode também ocorrer uma mudança do texto, não porque ele estivesse obscuro ou confuso, como em 6:

6a. Só então pude notar os olhares dos outros alunos, que faziam de tudo para conter as risadas, olhei para a porta da sala e observei que realmente aquela não era a 3 e sim a 8, percebi que eu havia confundido os números, pois eu não os conhecia direito. Saí da fila de cabeça baixa, me mordendo de raiva e vergonha, não me perdoei.

6b. Tentei ignorar os demais alunos da fila, que mal conseguiam conter o riso e continuei procurando a minha sala, sem me perdoar. Como poderia ter confundido o 3 com o 8, logo o 8 que era uma minhoquinha torta, como mamãe dizia e eu já o havia feito antes.

É importante lembrarmos que essas mudanças foram, em sua grande maioria, provocadas por alguma reação do professor ou dos colegas.

Outros mecanismos utilizados para organizar ou clarear os textos foram, em menor número, a *inclusão* de algum elemento ou, ao contrário, a *supressão*. Vejamos os exemplos de *inclusão:*

7a. No estudo desta bibliografia exige uma postura sistemática, crítica, disciplinada e uma leitura rigorosa do texto.

7b. O leitor, no estudo desta bibliografia, deve-se ter uma postura sistemática, crítica, disciplinada e uma leitura rigorosa do texto.

8a. Desencantei-me logo. O que mais me interessava eu não encontrei naquela sala quente, barulhenta e com um cheiro característico.

8b. Desencantei-me logo: o uniforme não me colocou no mesmo nível do meu irmão nem me deu a autoconfiança que eu desejava. Só encontrei uma sala...

Vejamos um exemplo de supressão:

9a. A crítica que vê o caso como acidente defende esta hipótese porque diz que o castigo é necessário para manter a ordem numa prisão, sendo assim ele e suas consequências uma coisa comum; já a segunda considera tudo isto um absurdo.
9b. A crítica... o castigo é uma coisa comum e necessária para manter a ordem numa prisão; já a segunda considera o castigo uma coisa a ser evitada.

Por sua vez, a preocupação com a adequação ao tipo de texto exigido ocorreu geralmente em relação ao resumo, que foi um dos mais trabalhados durante o curso e apresentou dificuldades aos alunos. Nos textos, ocorreram mudanças principalmente com o objetivo de explicitar que é um resumo de outro, como as seguintes:

10a. A bibliografia a ser elaborada se propõe...
10b. Segundo P. Freire a bibliografia...
11a. Isto é fundamental, pois ao se fazer uma elaboração bibliográfica, deve existir uma tripla preocupação: a quem vai tomar posse, aos autores citados e ao próprio autor.
11b. Diz o autor que deve existir um respeito triplo da parte de quem elabora uma bibliografia: respeito aos autores citados, às pessoas que receberão tal material e a si mesmo.
12a. Marília de Andrade é chefe do departamento de Artes Cênicas da Unicamp e filha de Oswald de Andrade, e para ela, o movimento modernista de 22 não teve a participação de dançarinos e coreógrafos brasileiros devido à desatualização da dança no Brasil.
12b. Trata-se de um artigo de jornal, onde é feita uma entrevista a Marília de Andrade, que é chefe do departamento de Artes Cênicas da Unicamp e também filha de O. A. Neste artigo ela faz uma crítica à não participação de dançarinos brasileiros no movimento modernista de 22 e aponta a causa dessa não participação: a desatualização da dança no Brasil, graças ao descaso com que a dança é tratada pelo governo, a total falta de apoio.

CONCLUSÃO

Podemos dizer que os textos dos alunos no decorrer do trabalho feito passam a demonstrar uma maior preocupação com seus interlocutores/leitores, visto que as modificações visam torná-lo mais claro ou adequado a essa leitura.

Também podemos dizer que os alunos passam a considerar um texto escrito como resultado de um trabalho consciente, deliberado, planejado, repensado.

Finalmente, o trabalho realizado junto a esses alunos e a pesquisa aqui apresentada vieram mostrar-nos, mais uma vez, as estreitas relações entre ensino e pesquisa. O movimento entre essas duas práticas está sempre presente possibilitando situações como a que acabamos de discutir.

A MEDIAÇÃO DO PROFESSOR ENTRE O TEXTO E O LEITOR*

*Sônia Ignez Gonçalves Fernandez***

Quanto mais tenho compreendido a assimetria entre o texto e o leitor e, as condições da interação entre ambos, mais me convenço da importância da mediação nos trabalhos com leitura na escola.

Vou aqui descrever uma atividade de mediação que resultou da reflexão sobre outras dessas atividades, desenvolvidas ao longo de pelo menos quatro anos com o texto de Paulo Freire "A importância do ato de ler". Atividades que desenvolvi com universitários dos mais diversos cursos que atendem à disciplina de Língua Portuguesa em três faculdades diferentes e, com professores que acorrem a cursos, encontros, sessões de estudo propostos às secretarias municipal e estadual de São Paulo, pelo Estágio de Formação do Educador em Serviço, do qual participo como professora-pesquisadora desde 1985.

O que pude observar com respeito à leitura do texto de Paulo Freire é que, com o grupo de universitários, a interação se dava de

* *Este texto resultou de um trabalho realizado durante o Encontro de Professores de Português, coordenado por Maria Helena Martins e João Wanderley Geraldi, com o apoio da CECAE/USP, para a Secretaria Municipal de Educação de São Paulo, de 21 a 23/2/1990.*

** *Doutoranda em Teoria Literária na USP. Professora de Literatura Portuguesa e de Língua Portuguesa na Faculdade Anhembi-Morumbi, Publicações: "Formando o público infantojuvenil: uma experiência em biblioteca escolar". In: Revista do Ensino Municipal, São Paulo, nº 2, 1982. "Uma obra moderna na literatura infantojuvenil", In: Linha-D'água. São Paulo, APLL, nº 3, 1983. "Uma leitura cavaleiresca de Através do Brasil". In: Tema. São Paulo, nº 8, set.-dez./1989.*

modo bastante satisfatório, enquanto, com os professores, vazios de comunicação se instalavam.

Esse fato me intrigou durante algum tempo, porém justificativas, mais que explicações, se interpuseram às reflexões que vinha realizando. Até que o estudo do texto de Wolfgang Iser "A interação do texto com o leitor"[1] permitiu-me refletir sobre a assimetria entre texto eleitor, a partir de registros de impressões de leitura que vinha coletando, especialmente os relacionados com o texto "A importância do ato de ler".

Pareceu-me, então, que entre os universitários, a relação com esse texto se dá de modo que o "plano de conduta" bem como as reações momentâneas do parceiro se orientam na mesma direção, ou seja, realiza-se aqui a "contingência recíproca"[2], na qual "a interação pode levar ao triunfo da criatividade social, em que cada um é enriquecido pelo outro". No caso dos professores, em contrapartida, observa-se que a mesma classificação das condutas de interação se identifica como "contingência reativa", ou seja, os "planos de conduta" do leitor são continuamente encobertos pela reação momentânea, que acaba de ser referida. "A contingência torna-se dominante nesse esquema de reação orientada pelo momento e impede as tentativas dos parceiros de expressar seus "planos de conduta". Observa-se algumas vezes que também a "pseudocontingência" pode-se processar, por exemplo, no caso em que cada parceiro conheça tão bem o plano de conduta do outro que, tanto as réplicas quanto suas consequências, possam ser perfeitamente previstas, do que resultaria uma conduta semelhante a uma peça bem encenada. E essa ritualização da interação levaria ao desaparecimento da contingência[3].

Em síntese, podemos dizer que o texto "A importância do ato de ler" é privilegiado no contexto em que vivemos, para se analisarem as consequências metodológicas derivadas de um ou de outro tipo de interação.

Considerando, pois, como Iser, que os tipos de interação resultam do modo como a contingência é explorada, passo a descrever tanto as "colocações táticas" e "estratégicas" do mediador quanto os esforços interpretativos do leitor, como também a imprevisibilidade do efeito do texto em questão.

No caso dos leitores universitários, parece que a contingência recíproca criava, invariavelmente, condições favoráveis para que o leitor, reorganizando suas estratégias de comportamento, modificando seus planos de conduta, saísse enriquecido, e o mediador, na medida em que vários planos de conduta se explicitam e se inter-relacionam. No caso dos professores com quem trabalhei no referido encontro, ao contrário, as consequências apontaram no sentido de criarem-se novas condições de leitura e, por conseguinte, de mediação. A partir dessas constatações, decidi combinar a leitura do texto ensaístico de Paulo Freire com a leitura dos textos ficcionais, nos quais os processos de leitura de cada um pudessem ser mobilizados por um outro ângulo. Esses textos, entretanto, não poderiam ser quaisquer textos. A experiência vinha sinalizando que a leitura de Paulo Freire feita por esse grupo era quase sempre e, nas situações em questão, bastante influenciada por fatores de ordem psicológica e política, principalmente porque o autor, no caso, era o próprio Secretário de Educação.

O meu convívio com a literatura portuguesa contemporânea e a convicção de que a verdadeira obra de arte opera, inquestionavelmente, a dissolução e a recriação da linguagem pelo pensamento, apontaram-me os dois contos "O cágado", de Almada Negreiros, e "A galinha", de Vergílio Ferreira, como textos catalisadores, ao passo que o texto ensaístico caracterizou-se como propulsor. Não sendo meu objetivo o estudo da literatura propriamente dita, mas da leitura, essa combinação resultou eficiente.

Cabe explicar aqui que tal resultado deveu-se ao fato de levarmos em conta, eu e o grupo de professores-leitores, a "metaperspectiva", isto é, a visão da visão de cada um sobre o outro e do outro sobre ele próprio. A partir desse momento, pudemos discutir os textos, tanto o propulsor, quanto os catalisadores segundo o coeficiente de pura percepção dos leitores, o coeficiente de fantasias pulsionais projetadas e o de interpretação presentes naquela situação de leitura.

Procedemos, então, ao julgamento interpretativo que regula a interação e que é absolutamente necessário para o grupo de professores-leitores. Fica notório, pois, que a interpretação individual não é a única possível, e que esse cotejo de interpretações é imprescindível no trabalho de mediação de leitura. Em decorrência disso, cada um dar-se-á conta da incontrolabilidade da experiência alheia, mas também dos complexos de controle do texto para que as projeções do leitor não se superponham à estrutura textual.

Não me detenho aqui nos relatos de uma pura percepção, pois podem ser suficientemente inferidos da leitura dos contos, porém procuro mostrar quanto e como as projeções interferem em todo e qualquer ato de leitura.

A escolha desses dois contos deveu-se, além de meu convívio pessoal com a literatura portuguesa, ao desejo de evitar textos banais, cuja utilização vem submetendo professores e alunos a projetos ambíguos e inócuos, como os de meramente formar o hábito de ler e não de formar apreciadores de literatura.

O fato é que ambos os contos provocam pelos seus títulos, questões do tipo: como um autor sofisticado – cubista (no entender dos universitários), tal qual Almada Negreiros – escreve um conto sobre um animal irrelevante, o tal cágado? Ou, por que um autor tão metafísico (no saber deles), como Vergílio Ferreira, dedica seu tempo a tratar de um animal prosaico como a galinha? Essa "tática" logra em primeiro lugar bons resultados, na medida em que permite discutir sobre os motivos capazes ou não de gerar fatos literários. A troca de opiniões e o acúmulo de argumentos prós e contrários criam um ambiente salutar, no qual se expõem os "planos de conduta" dos leitores.

Nesse ponto, pudemos assinalar a polivalência produtiva da leitura do texto de Paulo Freire, posto que propiciou a interação e resultou dela ao mesmo tempo. As relações se fizeram na proporção das associações livres e das projeções pessoais.

Na sequência do trabalho, a partir do preenchimento dos vazios de sentido até então existentes, dá-se a comunicação através de um processo de leitura em conjunto, em franco diálogo. Se, para Iser, o equilíbrio (no caso entre texto e leitor) "só pode ser alcançado pelo preenchimento do vazio, por isso, o vazio constitutivo é constantemente ocupado por projeções", então a leitura coletiva propiciou tal equilíbrio e os textos submeteram os leitores a certas condições que contestavam o significado de estruturas de sentido anterior e possibilitavam a alteração de experiências passadas, o que equivale a dizer: havia um vazio a ser constituído pelo leitor e este, em condições favoráveis de leitura, foi capaz de atribuir-lhe sentido. Depreende-se daí que ao se tornarem conscientes para os leitores os seus próprios processos de leitura, também os textos propulsores e catalisadores passam a ser muito mais significativos do que se podia supor a princípio.

Não posso furtar-me de dizer que é fascinante observar e participar dessa interação, pois se evidencia o acerto da mediação comparativamente à evidenciação da dialética movida e regulada pelo diálogo entre os textos e entre os textos e os leitores.

Desse modo, prosaicos e insignificantes animais serviram como símbolos de algo humano e, por extensão, literário. Grávidos de significação a ser desvelada pelo leitor, esses motivos aparentemente insignificantes, desmotivados e desmotivadores, propiciaram, através de seu percurso na narrativa, a análise de procedimentos dos contos e contribuíram para o aprofundamento da leitura do texto propulsor.

Nesse sentido, se, em princípio, o objetivo não fora um estudo literário, no decorrer do processo ele se fez, porque os vazios e as negações dos textos provocaram o leitor e este teve que se situar, teve que coordenar suas perspectivas de representação dos textos e, finalmente, interpretá-los.

Para se chegar a isso não será demasiado enfatizar a necessidade de se levar em conta, no trabalho de mediação que:

1. o leitor se apercebe de seu próprio processo de leitura, de seus "planos de conduta";

2. uma vez avivada a sua memória e tendo registrado suas impressões sensoriais, emocionais, intelectuais, possa contá-las a outrem, registrá-las, trocar enfim as projeções[4];

3. voltando ao texto, o leitor tenha condições de cotejar suas projeções com os sistemas significativos do texto. Assim explicitados os planos de conduta do mediador, que se transformaram em maior ou menor grau nos planos de conduta dos diferentes leitores, devemos ainda ressaltar que os "planos de conduta", no sentido que coloca Iser, são subjetivos e que do controle deles pelos sistemas de significação do texto resulta a interação, onde a "assimetria entre o texto e o leitor começa a dar lugar a um campo comum de situação"[5].

Há que ressaltar também a interação não como dom da natureza, no dizer de Iser, mas sempre como produto de uma atividade interpretativa. De tal modo que não se pode falar da recepção como uma pura percepção. Daí a necessidade de avançarmos para além das projeções e/ou das impressões de leitura que são nossas linhas mestras de interpretação, mas nem apenas isso, nem necessariamente isso.

Para concluir e corroborar a experiência realizada, parece oportuna ainda a argumentação de Iser de que "a interação fracassa quando as projeções dos participantes não sofrem mudança ou quando as projeções do leitor se impõem independentemente do texto". De minha parte, acredito que nesses pressupostos repousa basicamente a possibilidade de intervenção do mediador.

NOTAS

1. ISER, Wolfgang. "A interação do texto com o leitor". *In: A leitura e o leitor.* Rio de Janeiro, Paz e Terra, 1979.
2. JONES, Edward E. e GERARD, Harold B. *Foundations of Social Psichology.* New York, 1967, p. 505. Apud: Iser, Wolfgang, op. cit.
3. ISER, Wolfgang. Op. cit., p. 84.
4. MARTINS, Maria Helena. *O que é leitura.* São Paulo, Brasiliense, 1982.
5. ISER, Wolfgang, Op. cit., p. 88.

REFERÊNCIAS BIBLIOGRÁFICAS

ARNHEIM, Rudolf. "A duplicidade da mente: a intuição e o intelecto na arte". *In: Intuição e intelecto na arte.* São Paulo, Martins Fontes, 1989.

ISER, Wolfgang. "A interação do texto com o leitor". *In:* LIMA, L. Costa (org.). *A literatura e o leitor; textos de estética da recepção.* Rio de Janeiro, Paz e Terra, 1979.

MARTINS, Maria Helena. *O que é leitura.* São Paulo, Brasiliense, 1982.

VERRIER, Jean. "Formes et ideologies dans l'enseignement de la littérature". *In: Traces,* nº 3, 1980.

A LEITURA NA ESCOLA (I)*

*Maria Lúcia Zoega de Souza***

Leitura é o tema sobre o qual, na minha carreira profissional, mais tenho colocado minhas indagações.

Entender a leitura me fascina e, quanto mais eu procuro entendê-la e entender o que é ensiná-la, mais dificuldades eu tenho em sistematizar uma fala sobre ela. O fascínio deve vir do fato de que, ao tentar captar o que ela é, sendo ela fugidia, o prazer que sinto ao ler, aumenta. Ao mesmo tempo, ao tentar entender o que é ensiná-la, o prazer de ser mediadora entre texto e leitores *também* aumenta. Quanto

---

* *Este texto foi apresentado na mesa-redonda "A leitura na escola", durante o Congresso Brasileiro de Alfabetização, que se realizou de 14 a 16/9/1990, em São Paulo. As questões que ele levanta têm como motivação mais próxima as vivências no trabalho com grupos de formação de professores.*

** *Participante da equipe de pesquisadores do Estágio de Formação do Educador em Serviço (EFES/USP) e do grupo de Português que assessora as escolas-piloto da rede municipal de ensino de São Paulo (convênio USP/SMESP). Doutoranda de Teoria Literária na USP. Assessora da área de Português da Escola Vera Cruz – SP. Publicações: "A criança e a leitura: da obrigação ao lazer". In: Leitura: teoria e prática. Fac. Educ. UNICAMP/ALB, Porto Alegre, Mercado Aberto, nº 13, jun./1989, pp. 5-10. "A literatura infantil e juvenil marcha para a padronização?". In: Linha-D'água. São Paulo, APLL, nº 7, 1990. "Agentes de provocação: como o professor faz chegar a obra juvenil". In: Tema. São Paulo, IETEM A, nº 8, set.-dez./1989, pp. 43-48. Reinventando o diálogo: ciências e humanidades na formação dos professores (coorganização com Ligia Chiappini M. Leite e Maria Helena Martins). São Paulo, Brasiliense, 1987.*

mais tento entendê-la, mais ela me escapa. Quanto mais tento ensiná-la, mais aprendo.

Tenho procurado entender o ato de ler a partir de minhas próprias experiências: as minhas, de leitora; as vividas em sala de aula com os alunos a quem apresento textos e com quem discuto textos. Também, a partir da "leitura" dos leitores que são os professores com os quais eu tenho que discutir o ensino dessa mesma leitura que tento entender (na coordenação de grupos de formação – Escola Vera Cruz/SP, e rede pública do estado e município). Além disso, na troca com colegas, entre eles Maria Helena Martins e José Wanderley Geraldi, parceiros nesta mesa e no trabalho de formação (Estágio de Formação do Educador em Serviço – EFES/USP). Mais ainda: na leitura de outros mais distantes e que já pensaram muito sobre leitura. Ler o texto escrito possibilita esses contatos entre espaços e tempos.

Começo por um deles, Roland Barthes, que, ao participar de um congresso a respeito também de leitura (1975), iniciou, assim, a sua fala:

> Quero em primeiro lugar agradecer a oportunidade de estar convosco. Muitas coisas nos ligam, a começar por este problema comum que equacionamos, cada um da sua posição: O que é ler? Como ler? Por que ler? Uma coisa todavia nos separa, que não tentarei ocultar: há muito tempo que não tenho qualquer prática pedagógica. A escola, o liceu, o colégio de hoje são me desconhecidos... Ora, visto que se trata de um congresso, parece-me preferível que cada um faça ouvir a sua própria voz, a voz da sua prática; não me forçarei a mimar uma competência pedagógica que não é a minha, integrando-me nela; ficar-me-ei por uma leitura particular (como toda a leitura), a leitura do sujeito que sou, que creio ser.
>
> Estou, em relação à leitura, numa grande desorientação doutrinal: uma doutrina sobre a leitura, não a tenho; ao passo que, paralelamente, se esboça uma doutrina sobre a escrita. Essa desorientação vai por vezes até a dúvida: nem sequer sei se será preciso ter uma *doutrina* sobre a leitura; não sei se a leitura não será, constitutivamente, um campo plural de práticas dispersas, de efeitos irredutíveis...

Introduzindo, assim, sua fala, Barthes prossegue dizendo que a leitura não encontrou "essa pertinência desejada, imagem de um alívio do cientista... ou pelo menos ainda não".

Ele entende por pertinência "o ponto de vista sob o qual se escolheu olhar, interrogar, analisar um conjunto tão heteróclito, tão díspar como a linguagem"[1].

Como podemos ver, os cientistas, no campo da leitura, não encontraram um alívio. Entretanto, em outro texto[2], Barthes mesmo fala da necessidade de se "escrever a leitura", ou seja, da necessidade de se tentar pensar naquilo que acontece enquanto se lê, porque se tem pensado em demasia no aspecto "filológico, autobiográfico e psicológico da obra". Segundo ele, procura-se estabelecer quase sempre o que o autor quis dizer e nunca o que o leitor entende, porque ainda não nos demos conta de que a lógica da leitura é diferente das regras da "composição". Segundo ele, "a composição canaliza; a leitura, ao contrário, dissemina. A lógica não é dedutiva, mas associativa: ela associa ao texto (a cada uma de suas frases), outras ideias, outras imagens, outras significações...".[2]

Pensando em tudo isso e, por estar falando em um congresso de alfabetização, acho oportuno um alerta: o enfoque grandioso sobre a alfabetização, apenas um dos aspectos da questão mais ampla que é a da leitura, pode tornar ineficientes campanhas bilionárias contra o analfabetismo. Pode, ao contrário do esperado, fortalecer um círculo vicioso movido pela falsa ideia de que basta alfabetizar, quando, de fato, se não se formarem leitores efetivos também não se formarão mediadores de leitura.

Por que digo isso?

Porque acho que a leitura tem sido pensada como *coisa menor* na escola, ou coisa *de menor* como se diz (de forma *bem dita)* popularmente.

Vejamos: quando iniciamos novos grupos de formação, partimos geralmente de questões trazidas pelos professores (preocupações com o encaminhamento de seus planejamentos, no dia a dia, pedidos de orientação bibliográfica). Depois, estabelecemos uma sequência para os encontros. Temos observado que a leitura não tem sido uma preocupação prioritária. A bibliografia que indicamos a respeito dela, também não.

Quem geralmente a traz para a pauta de discussões somos nós, os coordenadores de grupo. Só após algumas reflexões, ela passa a aparecer. Temos a impressão de que as atividades propostas para refletir sobre o processo de leitura parecem para todos muito óbvias.

Assim, também, podemos verificar nos cursos, congressos, eventos dedicados à linguagem: é grande o número de atividades ligadas à fase de aquisição da linguagem escrita. Mas, da linguagem escrita, o que mais polariza a atenção, é a produção escrita, a redação. A leitura vai aparecer, sim, em eventos de literatura infantil e juvenil. Esses são muitos e as preocupações básicas neles são ligadas à necessidade do que se acostumou chamar de formação do hábito de leitura.

Nos grupos de formação, geralmente, as primeiras questões trazidas são ligadas aos "métodos de alfabetização". Mais recentemente, Emília Ferreiro, a favor ou não...

Entre os professores de 2ªs e 3ªs séries, as discussões geralmente começam pelas dificuldades que encontram para lidar com alunos que foram alfabetizados com métodos tão diferentes. Não existe, realmente, um projeto de equipe nas escolas... A dificuldade é real...

Nos grupos em que se misturam professores de 1ªs a 8ªs séries, os das últimas (que sempre são em número menor) quase não têm vez. A discussão a respeito da leitura dos alunos mais velhos, realmente, pode ser resumida nesta pergunta que sempre é feita: "– Que livro é bom para indicar para os alunos?" E geralmente as respostas limitam-se a: "– Indique tal... Deu certo com meus alunos...".

Eu me pergunto: O que é dar certo? Nesse sentido, as propostas das editoras estão "dando certo"... O chamado *boom* na literatura infantil e juvenil brasileiras, a partir da década de 1980; os folhetos de propaganda enviados para as escolas; as fichas de leitura já com as respostas prontas para as questões, no livro do professor, indicando que não é necessário ele ler os livros (os livros não são indicados sem elas, atestam as próprias editoras); a visita de autores às escolas e o aumento da faixa de idade para a qual se dedica uma literatura especial (hoje, até o colegial), *tudo isso* pode estar nos apontando que o tema leitura na escola transformou-se quase *somente* numa questão de mercado.

Antigamente se dizia que a criança ia para a escola para "aprender as letras"... Há relatos muito bonitos que contam experiências de leitores a respeito da descoberta do signo escrito como continuidade de um processo mais amplo que não se inicia com (e nem acaba na) fase de alfabetização.

Maria Helena Martins, ao apontar em seu livro *O que é leitura* o contexto pessoal em que a aprendizagem da leitura acontece, salienta que temos que valorizar esse contexto para podermos ir além dele. E transcreve Sartre:

> Apossei-me de um livro intitulado – *Tribulações de um chinês na China* – e o transportei para um quarto de despejo; aí, empoleirado sobre uma cama de armar, fiz de conta que estava lendo; seguia com os olhos as linhas negras sem saltar uma única e me contava uma história em voz alta, tomando o cuidado de pronunciar todas as sílabas. Surpreenderam-me, ou melhor, fiz com que me surpreendessem, gritaram admirados e decidiram que era tempo de me ensinar o alfabeto[3]

Se pensarmos em nossas histórias pessoais de leitura, ou observamos as crianças ao nosso redor (filhos, sobrinhos, irmãos) veremos que, *pelo menos*, na vontade de aprender a ler livros, nessa fase de ir para a escola, elas não se diferenciam muito da de Sartre. Hoje as crianças sabem que atrás das "letras" há coisas. Lógico que o livro, no contexto de vida de Sartre, devia ter uma valorização bem mais forte do que para muitos de nós. E, sem sombra de dúvidas, muitíssimo maior, no de Sartre, do que no da massa da população brasileira.

Um exemplo de contexto diferente, mas significativo, é dado numa cena do filme premiado com o Oscar, *Conduzindo Miss Daisy*: a velha e rabugenta senhora, colocando flores no túmulo de seu marido, apressada, pede a seu motorista que leve um vaso ao túmulo de um amigo (não me lembro de seu nome). O motorista, ao ver que ela dá apenas o nome, não indicando o local, se atrapalha. Diz que não achará porque não sabe ler. Ela fica admirada, pois o vê sempre lendo jornais. Ele lhe diz que acompanha as notícias pelas fotografias. A cena é muito rápida, tão rápida quanto deve ter sido o *insight* que o velho motorista teve: "– Se sabe a letra", diz ela, "preste atenção: com que letra começa tal nome?". Ele descobre. "– E com que letra acaba?" Ele também descobre. A senhora manda, então: "– Procure o túmulo. As outras letras, por agora, não são necessárias". O empregado achou o túmulo.

Não cabe aqui comentarmos o "método" de Miss Daisy. O que importa ver é que ele sabia as letras, "lia" (entre aspas) o jornal e era analfabeto.

Evidentemente que as "letras" têm que ser aprendidas. Para isso, num determinado momento, são isoladas da "leitura" e valem por si, a fim de que sejam observadas para serem reconhecidas. Mas só fazem sentido, se voltarem à leitura.

Essa fase é curta e o trabalho importantíssimo da escola seria o de avançar aquele processo iniciado com a leitura num sentido mais amplo. O professor, sendo o mediador entre textos e leitores, sendo também leitor de seus alunos.

O que me parece acontecer é que as "letras", na escola, muitas vezes, depois de isoladas no período da alfabetização, não voltam à leitura, porque se criou um "hábito" de dizer que é preciso criar o "hábito". Hábito é algo que fazemos mecanicamente, sem a preocupação com a busca de significados, com o vencer obstáculos, com o rompimento de barreiras.

Num processo natural de aprendizagem, o alfabetizando avança (muitas vezes com esforço) em seus conhecimentos através das possibilidades que a leitura dos textos, em suas também variadas possibilidades, lhe estarão propiciando. Se o professor sonda, acompanha, propõe diversificados textos e com dificuldades diferentes para o aluno ir ampliando seus horizontes de expectativa não só ante conteúdos, temas, conceitos ou histórias que tais textos veiculam, veria possibilidades de conhecer diversas maneiras de se interpretar, representar, ou captar o mundo pela *palavra.* Aí: a fantasia, o sonho, o fato, o conceito, o som, o ritmo, a imagem... Há diversos tipos de textos. Há diversos tipos de leitores; há diversos tipos de leitura... É preciso *ler* muito, comentar muito...

A escola seria o espaço onde, mediados pelo professor, se poderia fazer a leitura das leituras: da prosa, da poesia, da ficção, da não ficção...

Os livros estão aí para o aluno que vai crescendo em experiências de vida. O aluno poderia ir até eles. Deveria "crescer" nas suas possibilidades de compreensão do que se faz com a palavra escrita.

Vejo, entretanto, que a "competência de leitura", que não é algo facilmente mensurável ou que se possa adquirir apenas através de técnicas, vem sendo marcada mais pela preocupação técnica e metodológica do que pelas leituras que são feitas.

Ao invés de levarmos a criança ou o jovem ao livro em sua relação com as outras linguagens, parece que é o livro que se transforma e se apequena para ir ao encontro deles. Tudo "tem" que ser simplificado, adaptado, facilitado. Criam-se leituras específicas: a da criança, a do jovem e, agora, a do professor que se apequena *também*. Trabalha-se com a leitura *da escola* e não com a leitura na *escola*. Em minhas divagações sobre o assunto, vejo um livro feito apenas de "letras" e nada mais.

Gostaria de que minhas preocupações com os caminhos da leitura na escola não fossem encaradas como fala pessimista. Acredito muito no espaço escolar e no professor. É só voltarmos à leitura e não nos perdermos no caminho. Pode não ser sempre fácil ler. Ler significa saber mais, mas, ao mesmo tempo, comprometermo-nos mais: alunos e professores.

NOTAS

1. BARTHES, Roland. "Sobre a leitura". *In: O rumor da língua*, Trad. de A. Gonçalves, Lisboa, Edições 70, 1984, p. 31.
2. ________"Escrever a leitura". Op. cit., p. 27.
3. Martins, Maria Helena. *O que é leitura*. São Paulo, Brasiliense, 1982, p. 15.

A LEITURA NA ESCOLA (II)

*Ana Maria Bonato Garcez Yasuda**

Considerando as reflexões de Maria Lúcia Zoega de Souza, minha prática de sala de aula e experiência no convívio com professores de 1º grau, na rede de ensino municipal de São Paulo, constato que temos "produzido" muitos alfabetizados nas letras e poucos que sabem efetivamente ler. Constato também que o desejo de ler existente antes da alfabetização, geralmente, desaparece durante a vida escolar.

A meu ver, a já famosa crise da leitura (famosa não por ser motivo de reflexão, mas porque se tornou chavão dizer que o aluno não sabe, não gosta e tem preguiça de ler) estaria centrada na dificuldade, sobretudo do professor, de perceber-se enquanto leitor.

Por não se ver lendo, a escolha que o professor faz do livro didático de Português (às vezes único livro a que o aluno tem acesso) não está voltada prioritariamente para a qualidade de seus textos, mas para a quantidade do conteúdo gramatical que traz. Como os textos desses manuais das séries iniciais são escritos pelo próprio autor do manual, têm todos o mesmo estilo e o mesmo objetivo de ilustrar o "ponto" de

* *Professora de Português da rede municipal de São Paulo.*
Participante da equipe de pesquisadores do Estágio de Formação do Educador em Serviço (EFES/USP), desde 1985, e do grupo de Português que assessora as escolas-piloto da rede municipal de ensino de São Paulo (convênio USP/UNICAMP/SME-SP), desde 1989, programa de Reorientação Curricular e Formação de Pessoal.

gramática que vem em seguida. Quando os textos são de autores consagrados, são fragmentados ou adaptados, reduzidos apenas a "letras", porque despojados dos recursos característicos do fazer literário do autor. Procedimento que desrespeita o aluno leitor, porque não o julga capaz de captar a tensão instaurada pelo texto literário. Os manuais da 5ª série em diante apresentam fragmentos de textos, quase sempre dos mesmos autores, quando não os mesmos textos para diferentes coleções.

A leitura desses textos pobres em variedade e muitas vezes em qualidade é condicionada à abordagem interpretativa – sempre a mesma tanto para poesia como para textos de propaganda. Essa abordagem considera apenas o que o texto "quis dizer" e ainda fica restrita à leitura que o autor do manual faz do texto. Dificilmente considera a estrutura, os recursos que o configuram e o caracterizam como literário.

Nas 1ªs séries, a "leitura" desses textos se resume à cópia, quando não a várias cópias do mesmo texto. Depois, além da cópia do texto, a cópia da proposta de interpretação. Esse exercício mecânico de cópia pode se estender até a 8ª série. E a função do manual *se cumpre* com a cópia dele (manual) pelo aluno em seu caderno. Assim, leitura e escrita, que deveriam completar-se no processo de construção do conhecimento, perdem o significado: não se atribui sentido ao que se lê e ao que se escreve.

A "não leitura" se repete com os paradidáticos, ou, no jargão escolar, com a "leitura extraclasse". Extraclasse não porque a maior parte se realize fora da sala, mas porque não se abre espaço durante as aulas para discussão.

A leitura desses livros, frequentemente, acontece no preenchimento da ficha de atividades que vem como suplemento do livro: na prova sobre fatos, nomes de personagens ou sua participação no enredo etc., geralmente, para "pegar" quem deixou de ler; no resumo do livro; no preenchimento da ficha de leitura elaborada pelo professor, *invariável* para todos os livros.

E a leitura não se dissemina em leituras, porque as impressões de cada leitor não são verbalizadas e, consequentemente, compartilhadas, confrontadas com as dos outros. O professor não tem oportunidade de fazer a leitura das leituras dos alunos e por isso não age como mediador, mas como o que "mede", através do número de acertos, a memória para fatos, nomes, datas, etc.

O professor, no entanto, não é o vilão da história. Apenas reflete uma escola cuja concepção de construção do conhecimento considera que, para aprender a ler e escrever, basta copiar e decorar regras gramaticais; para aprender matemática, decorar tabuada; história, datas e fatos, etc. E que, para "criar o hábito da leitura", seria suficiente ler livrinhos fáceis, "adequados" à faixa etária e provar que leu através dos mecanismos de controle já citados. Acredita-se que dessa forma, ao completar o 1º grau, o aluno deverá estar apto (ou habituado a?) para ser um leitor de "verdade". Isto é, leitor de literatura sem adjetivos (nem infantil, nem juvenil), que não necessite recorrer a excesso de ilustração, jogos e outras soluções (artimanhas?) para seduzir o leitor.

E como se poderia "medir" a competência de leitura? Considero que essa avaliação está ligada à competência de leitura do próprio professor. O professor/leitor/mediador é aquele que indica leituras guiando-se não só pela idade e capacidade intelectual do aluno, mas, sobretudo, pela sua própria sensibilidade de leitor. Indica textos que são significativos para si mesmo e que acha que poderão sê-lo, também, para o aluno. Por isso, o professor mediador é o que lê antes, cercando o texto em suas possíveis leituras. Desse modo poderá realizar um trabalho que possibilite, no acontecer da leitura e a partir da verbalização das impressões, criar condições para que o aluno possa desenvolver sua sensibilidade para perceber e desvelar o mundo dos textos em sua diversidade e pluralidade.

Um trabalho desenvolvido no sentido de formar leitores exige avaliação complexa, plural, a longo prazo. Cada texto, cada leitor ou grupo de leitores poderá sugerir pistas de que aspectos e de como avaliar. Essa avaliação deveria levar em conta, por exemplo, a capacidade do aluno de estabelecer relações entre suas impressões de leitura com as de outros leitores, estabelecer relações entre as convenções próprias dos textos lidos com as de futuras leituras. O aluno poderá perceber, então, como diferentes linguagens podem se relacionar com a obra de arte literária. Principalmente, essa avaliação não pode perder de vista o processo de construção da linguagem do e pelo aluno. Pois, a meu ver, a formação de um leitor competente é também a formação de um ser sensível, inteligente e aberto para o aprendizado constante que se poderia fazer com a leitura na escola.

PODER E ONIPOTÊNCIA DA TELEVISÃO: INQUIETAÇÕES NO AR*

*Maria Thereza Fraga Rocco***

"A televisão pode oferecer efetivas possibilidades de cultura, entendida esta como relação crítica com o ambiente."

Umberto Eco[1]

A enorme atração exercida pela TV, em nosso tempo, tem feito com que se ampliem cada vez mais as discussões sobre o veículo e seu poder de sedução; sobre o papel que desempenha no espaço social cotidiano ou sobre a forma pela qual articula o lazer. São discussões muito amplas e que buscam questionar, geralmente, o efeito exercido pela TV sobre as pessoas, o domínio do veículo sobre indivíduos e grupos sociais.

Ainda que do ponto de vista técnico, a televisão já tenha bastante nítidos os seus contornos, suas possibilidades e alcance, muito falta, no entanto, para defini-la mais objetivamente quanto às funções que exerce e quanto a natureza das relações que estabelece com seus públicos.

---

* *Texto originado em discussões realizadas no curso "Televisão e Escola", ministrado durante a 10ª Bienal Internacional do Livro, São Paulo, jul./1990.*

** *Doutora em História da Educação pela USP. Livre-docente da USP. Publicações: Literatura-ensino: uma problemática. São Paulo, Ática, 1980. Crise na linguagem. São Paulo, Mestre Jou, 1981. A linguagem autoritária. São Paulo, Brasiliense, 1989. Desenvolvimento, linguagem e aprendizagem. São Paulo, Ícone/EDUSP, 1988 (org. e coautoria).*

Pontos de partida e pressupostos muito diversos têm resultado em análises várias, das quais se tiram conclusões muito amplas e nem sempre pertinentes.

Na verdade, a televisão abriga em seu bojo inúmeras contradições que decorrem dos próprios desencontros observados quando se estuda o comportamento de indivíduos e de grupos sociais ante a um veículo novo, surgido em um tempo de inúmeras e rápidas transformações.

E por que motivo desenham-se tantas encruzilhadas ao longo dos caminhos abertos pelas vertentes críticas que tratam da televisão? Deixando-se de lado o fato já referido de ser um veículo novo, é preciso registrar que a televisão é plurívoca em essência, trabalhando sempre com produtos multifacetados e que de forma também plural atuam sobre o público e com ele interagem.

Um outro dado revela-se também como inegável para se justificar a existência de tantas veredas teóricas. A televisão é o mais analógico produtor de simulacros do real. Ela simula o homem e o mundo em todas as suas interfaces; das visões mais totalizantes às circunstancializações mais intimistas, a TV dialoga com o espectador sobre todas as coisas, o tempo todo e todo o tempo.

Dessa forma, nada mais fácil que atribuir à televisão funções que não lhe são próprias e ainda dela cobrar *missões* e *deveres* a cumprir, nem sempre pertinentes com a própria especificidade do meio.

Amada por milhões, detestada por algumas centenas, a TV ou se revela como uma "janela para o mundo", sendo capaz de trazer a própria vida e suas relações para dentro de nossas casas ou se mostra como o "mais alienante veículo da indústria cultural", podendo tornar o homem acrítico, desligando-o inconscientemente de sua própria realidade.

Percebe-se, pois, diante de tais posicionamentos mais comuns, que ante a TV não é possível a indiferença. Percebe-se também que sobre o campo de tensões em que atua, ela prossegue seu caminho de conquistas cada vez maiores, a ponto de se tornar praticamente imprescindível à vida de grande parte das pessoas.

Ignorando, como de resto não poderia deixar de ser, as "acusações" que lhe são lançadas e os deveres que lhe são atribuídos, vem atingindo níveis quase que inacreditáveis de progresso tecnológico, com uma consequente diversificação dos produtos que oferece.

A TV consegue provocar entre os indivíduos uma nova forma, ainda que discutível, de "reencantamento do mundo", através das visões harmoniosas e extremamente plásticas que projeta, sem que nos demos conta de que nos encontramos diante de simulacros do real e que, de tão parecidos que são com esse próprio real, acabam por nos confundir, levando-nos até a indagar se a vida é o que se passa fora ou lá dentro do vídeo.

A televisão se mostra tão magnetizante e persuasiva em seus modos de ser que acaba nos contaminando até mesmo quanto às formas de nos relacionarmos com o real, visto que a tendência é nos fixarmos mais no espetáculo proporcionado pelo veículo do que propriamente no fato que sustenta e dá origem a esse espetáculo.

Tanto isso é verdadeiro que historiadores contemporâneos, sobretudo aqueles ligados à Nova História, ensinam que a sociedade hoje privilegia sobremaneira os veículos de comunicação, em especial a TV, na medida em que eles reproduzem a instantaneidade dos movimentos e relações que caracterizam essa mesma sociedade.

Na medida em que tais veículos, sobretudo a TV e o rádio, focalizam sempre o relato mais evidente e os fatos grupais mais comuns, acabamos também percebendo, por exemplo, que o próprio discurso da História na TV é muito mais um discurso de TV que propriamente de História. É muito mais um discurso para e pela TV, e por meio do qual os documentos da mídia narram o mundo com incontestável valor de verdade.

A televisão vive e se alimenta da narrativa e dos simulacros por ela projetados. E por meio dessa narrativa, sempre *espetacularizada*, rompe com uma certa forma clássica de contar histórias, introduzindo uma ficção de alto impacto que fascina inteiramente o público, porque tal ficção proporciona a esse público "um chocante encontro com o real", chocante ante a extrema analogia existente entre o fato e a imagem produzida, mas não assustador, já que, mesmo inconscientemente, todos sabem que a cena projetada, em verdade, está do *lado de dentro do vidro do vídeo*.

Veiculando apenas simulações do real, a verdade, porém, é que a TV vem conseguindo instaurar entre os grupos sociais um tempo novo, marcado por uma forte instantaneidade das relações e pela presentificação inexorável dos acontecimentos.

Tamanho poder assusta, intranquiliza e pode mesmo nos tornar nostálgicos de um passado distante e idealizado.

Em decorrência, começam a surgir, de modo constante, indagações dispersas, inquietações generalizadas sobre a TV e que se traduzem sob forma de desconfiança e mesmo de condenação ao veículo, sem que, em geral, se procure ir mais fundo nessas análises que tentam dar conta dos processos de história e produção da TV; dar conta de processos que avaliem com segurança os possíveis efeitos psicossociais do veículo; dar conta, enfim, dos modos de recepção do veículo pelo indivíduo e pelos grupos sociais e das inter-relações que daí advêm.

Apesar da existência de excelentes estudos sobre TV e que abrangem todas essas dimensões elencadas, e outras mais, percebe-se que ainda são pouco claros e um tanto imprecisos os critérios com que se analisam a TV e suas muitas interfaces de realização.

Mesmo que não julguemos critérios de análise como entidades assépticas, isoladas e não contamináveis, o que mais se observa quando o tema é TV, é a utilização indiscriminada e nem sempre adequada de balizamentos oriundos de outras áreas e que, sem a necessária mediação, são aplicados, de forma às vezes impertinente, ao veículo.

Comumente observamos, por exemplo, o emprego direto de critérios próprios da obra cinematográfica ou da obra literária para julgar televisão, o que pode levar os mais apressados a operações descabidas por meio das quais acabam por medir distâncias com metros cúbicos.

Não bastasse tal tipo de viés epistemológico, a TV, por sua magnitude e poder, passa a ser comparada ou com diferentes formas de manifestação estética ou com instituições formais, cujas origem e finalidade não são precipuamente aquelas do veículo, ainda que entre elas possa haver espaços de intersecção, pois, certamente muitas são as áreas da atividade humana, de produção de conhecimento e de realizações estéticas cujos limites tangenciam aqueles mais próprios da TV.

Pensando-se, por exemplo, na literatura, comumente nos defrontamos com questões que indagam por que razão a TV não trabalha com maior frequência sobre obras literárias, para que dessa maneira se possa despertar o gosto da criança, do jovem e mesmo do adulto pelo livro, já que se considera haver hoje uma "crise de leitura" entre nós, brasileiros, fundamentalmente entre os menores.

Questionamento similar já foi feito, em tempos outros, sobre as relações cinema-literatura, cinema-fotografia, fotografia e pintura, entre outras.

Como observamos no início, a TV é um veículo de muitas faces, não podendo ser estudado como um monobloco. Ainda que sua especificidade possa ser delineada fundamentalmente pelo ícone que, ancorado ao verbal, ao som, às cores e ao movimento, torna-se o elemento caracterizador da linguagem de TV, ainda assim, é preciso que nos lembremos daquela pluralidade referida no início, qual seja, a de que a televisão veicula os mais diferentes gêneros.

Tem-se, pois, cinema "passado" na TV e cinema "fabricado" para TV; têm-se desenhos animados e programas infantis diversos; têm-se programas de variedades como *Fantástico* e similares que se alinham a produções humorísticas, a telejornais, a comerciais, a entrevistas e debates que se acoplam aos segmentos ficcionais *mais eloquentes* como é o caso das minisséries e das telenovelas, gênero esse que mereceria um estudo à parte na análise dos produtos televisuais.

Passando às obras estéticas e retomando o fio que corre solto pela trilha daqueles que insistem em que a TV brasileira, deve trabalhar mais com as obras literárias, o que se observa?

Tais propostas, quase sempre bastante conservadoras, raramente pretendem uma trama entre textos e entre veículos. O que se quer, no mais das vezes, pelos que nem sempre se preocupam com a especificidade dos dois produtos, é que a TV faça literatura e que a literatura vire TV, numa extravagante simbiose que certamente resultaria numa produção híbrida, de gosto talvez duvidoso.

Literatura é literatura e TV é TV, e não vai aqui qualquer juízo de valor. No entanto, nada impede que o veículo trabalhe *televisualmente* com obras literárias. Walter G. Durst e Walter Avancini, inspirados criadores de ficção para TV, realizaram, entre outros, um trabalho exemplar: a minissérie *Grande Sertão*, adaptada no grande clássico de Guimarães Rosa[2], e que se configura como um dos mais bonitos trabalhos produzidos para o vídeo.

Em nenhum momento, porém, se poderia pensar que uma obra pudesse ser reduzida a outra. Ver *Grande Sertão: Veredas* pela TV de modo algum substitui a experiência indescritível de ler e reler Guimarães Rosa. Se a história é boa para a TV, como de resto outras também o serão, o que atrai na minissérie é a genialidade das imagens criadas por Durst e Avancini e que sustentam a força do contado, que na TV se dá de forma diversa daquela que Guimarães Rosa narra no livro.

Na telinha, de cara, nos vemos diante de um Diadorim-Bruna Lombardi que é o próprio sintagma revelador da beleza feminina, desvendando-se já mulher ante o telespectador, fazendo, no entanto, permanecer o mistério entre as demais personagens que estão do *lado* de *dentro do vídeo.*

E esse telespectador, cúmplice do narrador por imagens e de Diadorim – mulher desvelada, dialoga com o visual e se encanta perdidamente com o jogo de ícones e com os verdes *closes* dos olhos de Bruna a fitar Riobaldo apaixonadamente.

O encantamento com a leitura é de outra natureza, diferente daquela experimentada diante do vídeo. Ainda que ambos os textos, o televisual e o literário, se constituam como realizações de arte, esteticamente bem logrados, são, no entanto, bastante diversas as relações que os indivíduos estabelecem com esses dois tipos de representação do real, com esses dois tipos de produtos, cujas especificidades são tão diferentes.

Ainda que a TV seja um veículo intimista, microcelular, seu texto não consegue estabelecer o grau de intimidade que experimentamos, por exemplo, no contato com a literatura que nos lança em um corpo a corpo direto com aquele "real" contado e recriado, pois a especificidade do livro, do literário, permite o *demorar-se.* A especificidade do livro não nos impõe *de fora* e *de cima* a necessidade de uma recepção veloz e que se revele alheia a nós próprios.

Os ritmos e o *timing* são diferentes. O *timing* de leitura da escrita caminha rente ao ritmo de nós mesmos, rente ao ritmo da própria vida. Ler, reler; parar, voltar têm velocidades outras que não aquela que imprimimos até mesmo à ação de *zapping*[3] exigida pela TV, já que faz parte do próprio núcleo da natureza televisual.

Assim, a TV é que nos impõe o ritmo do acontecer, as etapas do suceder e as possibilidades do perceber. O *timing* da TV, ainda que o "real" por ela simulado, como já observamos, guarde a maior analogia possível com o real que está do lado de fora do vídeo, mostra-se como um *timing* calcado na rapidez mosaica pela qual se compõem as narrativas e suas imagens; imagens de voragem que nos puxam fortemente e às quais nos ligamos de forma inexorável, ainda que o ritmo dessas representações esteja muito distante daquele que organiza nossas circunstâncias de recepção.

Pelo literário, pelo contato físico com o livro, conseguimos mais lentamente, mais refletidamente, fruir na sua integridade passagens como as que se seguem, arranjadas aqui aleatoriamente a partir de releituras de *Grande Sertão: Veredas*:

"Diadorim me pôs o rastro dele para sempre. Sei como sei. Diadorim, duro, sério, tão bonito no relume das brasas. Quase que a gente não abria a boca; mas era um delém que me tirava para ele – o irremediável extenso da vida... Diadorim é a minha neblina."

"Tudo turbulindo. Esperei o que vinha dele. De um acesso, de mim eu sabia: o que compunha minha opinião era que eu, às loucas, gostasse de Diadorim, e também, recesso dum modo, a raiva incerta, por ponto de não ser possível dele gostar como queria, no honrado e no final. Ouvido meu retorcia a voz dele. Que mesmo no fim de tanta exaltação, meu amor inchou, de empapar todas as folhagens, e eu ambicionando de pegar em Diadorim, carregar Diadorim nos meus braços, beijar, as muitas demais vezes, sempre[4]".

O texto de TV, se bem construído, causa também enorme prazer. No entanto, a natureza dessa fruição é diversa daquela encontrada no livro e mais distante de nossas possibilidades de iniciativa pessoal, pois aquele ritmo que descrevemos, tão próprio do veículo, se impõe a nós e nós a ele aderimos, sem qualquer consciência de existir ali uma velocidade tão exterior a nós próprios.

Os modos de ser do veículo, calcado que é em recursos de grande amplitude, geram cada vez mais e mais campos de maior abrangência de significações, fazendo com que múltiplos sentidos sejam veiculados pelos grupos sociais, de forma polissêmica, mas impositiva, ainda que aparentemente pareçam flexíveis.

A TV, por ser pervasiva, por não ter seus amplos limites de alcance delineados, penetra subliminarmente em todas as matrizes culturais de um grupo social, passando inclusive por entre suas frestas; sejam matrizes de primeira ordem como a família, a escola, a igreja, o partido político; sejam matrizes outras, de caráter "secundário", como, por exemplo, programas radiofônicos ou diversas linhas de produção da indústria editorial que se mostram cada dia mais fortemente e que surgem em função dos programas de TV. Ou são críticas e estudos mais aprofundados sobre o veículo, surgindo sob forma de livros, ensaios e trabalhos genéricos, ou são segmentos radiofônicos sobre televisão ou ainda revistas que se sustentam pelos comentários e "fofocas" sobre a vida e o trabalho de grandes astros do momento bem como sobre as personagens que representam nas tramas em que se enredam.

Pensando-se então em algumas de tais matrizes de primeira ordem e que interagem e dialogam todo o tempo com a TV, seria importante nos determos, ao menos, em duas delas: família e escola.

Antes, porém, é preciso resgatar uma das reflexões feitas logo no início, qual seja, a de que se "cobram" da TV deveres e obrigações que talvez ela não tenha que cumprir, da mesma forma que sobre ela se lançam culpas por "pecados" que não cometeu.

Detendo-nos inicialmente na organização familiar, focalizando-se aí basicamente crianças e jovens, mas também adultos e indivíduos de terceira idade, fácil é verificar quanto é fundamental para quase todos, à exceção de muito poucos, a presença contínua da telinha mágica.

Em trabalho que já realizamos[5] e que teve como uma de suas vertentes pesquisa efetuada com 594 crianças, adolescentes, jovens e indivíduos de outras faixas etárias, vários dos dados apurados apontam para certas trilhas que merecem algumas reflexões.

Um primeiro ponto indica que a TV é muito assistida por quase todos os segmentos etários, com exceção de adolescentes e jovens que permanecem em frente ao vídeo, em média, duas horas por dia. No entanto, observando os pequenos, com faixa etária entre 3 e 12 anos, verifica-se que entre esses a média atinge seis horas, quase que o mesmo número de horas observado entre os adultos. Já para o grupo de terceira idade, os índices se alteram significativamente, chegando até à média de 10 horas diárias.

Evidentemente, um veículo que assume uma tal magnitude e importância na vida das pessoas e que consegue manter com os indivíduos contínuo diálogo, ainda que de natureza diversa daquele praticado na relação face a face, tal veículo acaba atraindo para si a origem de muitos dos problemas e fracassos que o grupo detecta entre seus membros.

E em vez de uma crítica séria, por exemplo, a essa exagerada quantidade de horas assistidas, sobretudo pelos menores, uma crítica às linhas de programação, à hegemonia exercida por algumas redes; uma crítica à driblagem do tempo oficial permitido para comerciais, por meio da contínua e constante inserção de *merchandising*, bem como de quadros que se revelam como verdadeiros *macrocomerciais* ou *metacomerciais*, em vez de uma crítica à ausência de um *espaço público* em todas as TVs comerciais que, em verdade, são concessões públicas, que realmente mais se ouve é um queixume generalizado, no tocante a questões diversas e que nada têm a ver com o veículo. Ouve-se, pois, um rosário de acusações, só aparentemente objetivas, mas que não resistem à mais tênue tentativa de análise um pouco mais rigorosa.

Em depoimentos obtidos na pesquisa referida, algumas linhas dessas reclamações constantes chamaram muito nossa atenção. Uma delas, por exemplo, atribui à TV a fragmentação da vida familiar, chegando-se mesmo a afirmações que apontam a separação de casais como tendo origem no fato de verem muita TV e de não mais conversarem. Diz-se também que a TV uniformiza as mentes, bloqueando a imaginação individual, e criando até mesmo um verbal homogeneizado entre as pessoas, já que assistem aos mesmos programas e nos quais ouvem sempre as mesmas coisas.

Para os mais "apocalípticos", a TV poderia até mesmo estar atrofiando a capacidade linguística entre os menores que, hipnotizados, acabam permanecendo horas e horas com o olhar fixo na tela, sem emitir sequer uma palavra. Estariam eles assim *seduzidos* e *capturados* irremediavelmente pela telinha, correndo o risco de se transformarem nos passivos "videotas" da próxima década.

Evidentemente as "coisas" não são tão simples como parecem. Senão vejamos. A fragmentação da vida familiar e social é um fato sobre o qual muitos estudiosos vêm se debruçando, há alguns anos, sem que jamais se tenha apontado como uma de suas causas o assistir-se a TV. O argumento, por exemplo, de que vários casais não mais conversam, já que ficam assistindo a televisão, não resiste à reflexão mais primária. Será que esses casais que hoje estão prestes a se separar, falavam-se tanto antes? Será que nossos pais e nossos avós dialogaram muito mais que nós em razão de não existir TV? Que atitude tomavam as donas de casa do passado, quando, após o jantar, quase que ritualisticamente, seus maridos saíam para intermináveis prosas com os amigos? Pensamos que não se dialogava mais que hoje como também sequer era permitido à grande parte das mulheres reclamar sobre a ausência de seus maridos.

É certo que diante de um veículo intimista como a TV e que nos causa a ilusão de sermos o receptor único e diferenciado daquela mensagem magnetizante, diante de um veículo que dialoga conosco de modo tão informal, acabamos por criar uma noção de *exclusividade* sobre nós mesmos.

No entanto, é preciso lembrar que todos recebem, a partir de um determinado canal, uma emissão única. A TV, enquanto interlocutor eletrônico, "diz" o mesmo texto para todos, não se importando com o nível social, econômico e cultural do telespectador. Pasteurizam-se as mensagens. Barateiam-se os conteúdos. Diluem-se os pontos difíceis de um tema. E qual o resultado? Mentes, pensamentos e imaginário homogêneos?

Evidentemente que não. Indivíduos não são "tábulas rasas" sobre as quais se imprime, sem qualquer mediação, o que quer que se pretenda. A figura do "videota" do excelente filme *Muito além do Jardim*, protagonizado por Peter Sellers, e que vivia totalmente alheio à realidade por uma questão de retardo mental, felizmente não é encontrada entre os indivíduos considerados normais.

Na verdade, as pessoas apreendem a realidade sensível ou então os simulacros do real, como os transmitidos pela TV, através de filtros muito próprios, muito sensíveis, que se instauram sobretudo pela convergência de fatores vários como a experiência prévia de vida, a visão de mundo que cada um constrói e o imaginário pessoal que se institui como *único* e *indevassável*.

Deve-se, pois, ter em mente que a TV influencia sim e muito a própria organização dos grupos sociais, a divisão do dia e os horários das pessoas. A TV atua ainda sobre a própria ideia que se tem de lazer bem como sobre as próprias formas em que se organiza esse lazer.

No entanto, como já foi observado, as preocupações quanto ao veículo não se dirigem aos seus pontos nucleares mais significativos. Surgem daí, pois, medos e olhares enviesados, de pouca sustentação e que mais se caracterizam como um processo inconsciente de deslocamento de culpas próprias e que são lançadas à TV, fato que se explica, de certo modo, em face do caráter de *novidade* do veículo e que nem sempre é bem conhecido em suas especificidades e potencialidades.

A história vem pontuando, em todo o seu percurso, várias crises culturais por que passam novas linguagens que integram e definem novos inventos e criações, pois como bem afirma Umberto Eco[6]:

> Toda modificação dos instrumentos culturais, na história da humanidade, se apresenta como uma profunda colocação em 'crise' do modelo cultural precedente.

A ameaça do *novo* desabou, por exemplo, sobre a própria *escrita* que, em momentos diversos e por motivos também vários, foi "vítima" de várias insurreições. A começar por Platão[7], cujos "ataques" se davam não por medo da novidade que representava a escrita, mas sim por ele próprio conhecer e tão bem dominar a modalidade, bem como por saber sua importância na organização do pensamento. E a escrita, assim vista, se revelava ameaçadora ante o crescente prestígio dos sofistas. Depois de Platão, passando por F. Bacon, J. J. Rousseau e chegando até Bergson, para citar apenas alguns, o poder da escrita vem sendo até hoje questionado e consequentemente o do livro, o poder da literatura como instrumento possível de dominação, capaz de moldar as mentes, sobretudo entre os pequenos.

Supõe-se, portanto, uma situação de passividade dos indivíduos ante meios novos que a eles se apresentem. Ocorre que essa pretensa passividade, seja por parte de quem assiste a TV, seja por parte de quem lê uma obra literária ou outra, de natureza distinta, em verdade não existe. É *mito* mal discutido. Apenas cristalizado.

Por certo, os meios de comunicação interagem, influenciam como também recebem influências de seus receptores. Não existe, porém, um poder de dominação absoluta, uma onipotência por parte dos veículos de massa.

Pensando-se ainda no livro, é importante registrar aqui as reflexões de Maria Helena Martins quando trata das "controvérsias e constrangimentos" que envolvem a literatura infantil e a avaliação de textos que são oferecidos às crianças. Segundo a autora: "não há como negar, de modo geral, a dependência dos leitores crianças quanto à seleção e ao consumo de livros".

Acrescenta, porém, "que as crianças não são absolutamente permeáveis a tudo quanto se lhes põe nas mãos para ler. Tampouco fazem-no como prevemos. Principalmente por serem mais espontâneas e volúveis do que costumamos supor"[8].

Se para escolha e consumo de livros, as crianças dependem inicialmente dos adultos, como bem mostra Maria Helena Martins, com relação aos programas de TV, os adultos pouco interferem, já que eles próprios dependem daquilo que as emissoras oferecem e impõem. Apenas recebem o que é veiculado.

No entanto, a forma de recepção, por parte da criança, no que se refere aos programas a que assistem pela TV, ocorre exatamente da maneira assinalada pela autora, no tocante à maneira de se consumirem os livros. Sim, as crianças são "espontâneas e volúveis" e acrescentamos, imprevisíveis. Assim, a maneira pela qual vão se *ligar* a um produto de TV será também muito peculiar e não preditível.

Tanto isso é verdade que certos programas, pensados como possíveis sucessos de "Ibope" infantil, se revelaram inacreditáveis fracassos, como por exemplo a abortada série *Dolla e Pepa*, que tinha tudo para emplacar e sequer chegou a uma dezena de apresentações. Já o *Xou da Xuxa*, um dos programas que traduz a maior indigência cultural da TV, vem se instituindo como sucesso total.

Não que as crianças prefiram o que é despido do cultural, o que seja pobre de conteúdo. Não se trata disso. Adoram bons programas, divertem-se com eles, como foi possível observar, no caso de *Bambalalão*, há pouco tempo e no passado com o famoso *Vila Sésamo*.

Há, no entanto, essa faixa de imprevisibilidade, de surpresa com que muitas vezes nos defrontamos. E é justamente nesse espaço das respostas imponderáveis que reside, a nosso ver, o poder do imaginário pessoal, do devaneio, faces que mais se mostram entre os pequenos, já que muito "mais espontâneos", como diz Maria Helena Martins.

Uma outra tendência dos adultos, e sempre constante, está, conforme já foi referido, em se atribuir à TV a "culpa" pelos baixos níveis de rendimento escolar, sobretudo entre os menores. Não só a família, mas a própria escola lançam frequentemente sobre o veículo a já referida responsabilidade por reconhecidos fracassos.

A TV seria assim a causa básica de as crianças não se interessarem por livros, pouco lendo na escola ou fora dela. Assistindo a tantas horas de televisão por dia, os pequenos acabariam, inclusive, se desinteressando pelas aulas e pelos conteúdos dos programas escolares.

A televisão teria ainda o poder de levar o aluno a "desaprender" a própria língua materna, pelo fato de escutar concordâncias "erradas" ou colocações pronominais "deslocadas", via TV, tendo em vista que esses alunos ficam horas e horas só ouvindo e pouco falam quando em frente ao veículo.

Ora, se é verdade que os pequenos pouco se mostram atraídos pela leitura na escola, o fato, em absoluto, ocorre por culpa da TV, mas, sim, em razão de problemas bem nítidos da própria atividade escolar de leitura e do lugar cultural que o *ler* ocupa em nossa sociedade.

É sabido que a escola trabalha pouco e mal a ficção literária. É sabido também que no Brasil a leitura nunca teve um lugar de destaque no panorama da cultura. Experiências bem conduzidas com leitura entre crianças têm apontado um caminho nítido de que é possível desenvolver bem essa atividade[9].

Quanto ao temor de homogeneização de mentes e da linguagem verbal, é preciso ratificar que tais apreensões não procedem. Pensa-se de forma plural, interpretam-se os fatos com visões multifacetadas. Quanto ao falar, a TV não aumentou nem diminuiu a capacidade de expressão das pessoas, sobretudo entre os pequenos. Crianças continuam falando e imaginando muito.

A televisão não ensina língua materna a ninguém. Nem "desensina". A TV pode auxiliar, por exemplo, no aprendizado de uma segunda língua. Se televisão ensinasse, "desensinasse" ou impusesse o verbal, teríamos hoje, no Brasil, todo o mundo falando a norma da rede Globo, emissora mais assistida e que cobre 99% dos municípios brasileiros.

Felizmente nada disso ocorre. As diferenças regionais, o falar caipira permanecem intactos. Vez por outra, um jargão muito repetido em algum tipo de programação entra momentaneamente no fluxo lexical, mas não é absorvido. Circula enquanto o programa permanece no ar. Terminado o segmento, morre o jargão, acaba a graça da piada, já que tudo que é veiculado pela TV envelhece quase tão rapidamente quanto a notícia de jornal.

É preciso, pois, ter em mente que televisão hoje, mais que nunca, é veículo *de lazer*, pois como ensina Teixeira Coelho, vivemos não uma "cultura de massa", mas um "lazer de massa"[10]. As funções de educação e informação, que antes marcavam o veículo, cederam suas posições a um lazer que projeta, de forma *espetacular*, uma visão *espetacularizada* da realidade.

Atendendo às necessidades prévias das pessoas, visto que a televisão não oferece nada que já não esteja no desejo de grupos e de indivíduos, o veículo se define, como dissemos, muito mais, por sua capacidade de divertir, pois como afirmam Armand e Michèle Mattelart, "a função de distrair claramente passou à frente das outras funções designadas para a televisão, como também das outras formas de seu uso social". E acrescentam: "da mesma forma que as funções de informar e educar anteriormente imprimiam sua marca sobre a de distrair, a função hegemônica do divertimento tende a marcar cada vez mais as outras duas"[11].

Se as "tiranias" da modernidade nos atraem, mas ao mesmo tempo nos assustam, como ocorre com a TV, é preciso ter serenidade para refletir e observar que o poder da TV existe, mas não na direção em que o veículo frequentemente é temido. Quanto à sua onipotência – acreditamos que se trate de um *mito* a mais. Televisão é poderosa sim, mas porque não temos outras opções culturais e de lazer. É preciso também não se prender à TV como único objeto de desejo, pelo qual, chegamos aos simulacros do real.

Se o tempo hoje é da prevalência dos simulacros, que eles se pluralizem, pois o fruir somente televisão pode levar o indivíduo a uma simplificação excessiva da percepção, através da qual:

"o olho, uma vez acostumado, vê sempre o mundo de forma imutável"[12].

Isso sim é que nos deve preocupar, pois, afinal, *1984* chegou, *1984* passou e o Apocalipse não veio. Mas também não vieram "o riso" nem "a utopia" que, de alguma forma, é preciso reconstruir, sem descartar a televisão que, sem dúvida, é o veículo definitivo e definidor deste nosso século e, por certo, do próximo, que logo virá.

NOTAS

1. ECO, U. *Apocalípticos e integrados*. São Paulo, Perspectiva, 1970, p. 351.

2. ROSA, J. G. *Grande Sertão: Veredas*. 22ª ed. Rio de Janeiro, Nova Fronteira, 1984.
3. *Zapping:* mudança rápida de canal por meio de controle remoto.
4. ROSA, J. G. Op. cit., pp. 23 e 26, respectivamente.
5. ROCCO, M. T. F. *Linguagem autoritária. Televisão e Persuasão*. São Paulo, Brasiliense, 1989.
6. ECO, U. Op. cit., p. 34.
7. PLATÃO. *Phèdre. Oeuvres Complètes*. Vol. 3, Paris, Garnier, 1950.
8. MARTINS, M. H. *Crônica de uma utopia*. São Paulo, Brasiliense, 1989, p. 126.
9. A citada obra de Maria Helena Martins é um exemplo claro de uma experiência bem-sucedida.
10. COELHO, J. T. *Usos da cultura*. São Paulo, Paz e Terra, 1986, p. 104.
11. MATTELART, A. e Mattelart, M. *O carnaval das imagens*. São Paulo, Brasiliense, 1989, p. 168.
12. PICON, G. *O escritor e sua sombra*. São Paulo, Nacional/EDUSP, 1970, p. 238.

PALAVRA E IMAGEM: UM DIÁLOGO, UMA PROVOCAÇÃO*

*Maria Helena Martins***

A linguagem verbal e a visual travam diálogos intensos e imemoriais entre si e provocam outros tantos entre seus autores e leitores. Mas, principalmente em nosso tempo, essa interação adquire importância fundamental, pelas possibilidades cada vez maiores de diferentes linguagens iluminarem-se mutuamente, ampliando seus meios expressivos e suas leituras.

Não é pois estranho a visibilidade estar entre as seis qualidades da escritura destacadas por Italo Calvino, como merecedoras de serem preservadas no próximo milênio. Ela condensaria os processos imaginativos, onde interagem imagem visiva e expressão verbal, num convívio nem sempre conscientizado por seus criadores e fruidores. Assim, Calvino assinala, por um lado, quanto, ao lermos um texto escrito sobre uma página, somos levados a visualizar aspectos, detalhes que

* *Texto originalmente apresentado na mesa-redonda "Convívio de linguagens", durante o XI Encontro de Professores de Língua e Literatura – APLL/USP – São Paulo, 2 a 6/10/1990.*

** *Doutora em Teoria Literária e Literatura Comparada pela USP. Professora-adjunta do Instituto de Letras da UFRGS. Coordenadora do Estágio de Formação do Educador em Serviço (EFES/USP/SME-SP) (1986-89). Publicações: O que é leitura. São Paulo, Brasiliense, 1982.* Reinventando o diálogo: ciências e humanidades na formação dos professores *(org. com Ligia Chiappini M. Leite e Maria Lúcia Zoega de Souza; coautoria). São Paulo, Brasiliense, 1987.* Crônica de uma utopia: leitura e literatura em trânsito. *São Paulo, Brasiliense, 1989.*

assomam das palavras e configuram nosso “cinema mental”, fruto da nossa imaginação, que nunca cessa de “projetar imagens em nossa tela interior”. Por outro lado, também enfatiza o processo inverso, em que “os olhos da imaginação” veem o que a palavra ainda não expressou: desde visões e vislumbres de santos e filósofos até imagens vistas mentalmente por pintores e cineastas posteriormente configuradas nas telas.

Essas considerações dão conta da permanente interação do verbal e do visual e do grau insuspeitado de sua presença em nossas vidas, seja em sua faceta prosaica seja em sua expressão estética; na fruição como na criação da linguagem. Mas se fica assim caracterizado um diálogo, entre formas de expressão e entre seus criadores e apreciadores, sabe-se que, com esse diálogo, necessariamente, emergirão tensões. Aliás, há uma preocupação manifestada por Calvino ao constatar quanto o fato de vivermos hoje sob a égide da “civilização da imagem” pode significar riscos à imaginação individual:

> estamos correndo o perigo de perder uma faculdade humana fundamental: a capacidade de pôr em foco visões de olhos fechados, de fazer brotar cores e formas de um alinhamento de caracteres alfabéticos negros sobre uma página branca, de pensar por imagens. Penso numa possível pedagogia da imaginação que nos habitue a controlar a própria visão interior sem sufocá-la e sem, por outro lado, deixá-la cair num confuso e passageiro fantasiar, mas permitindo que as imagens se cristalizem numa forma bem definida, memorável, autossuficiente, “icástica” (p. 108).

Calvino porém reconhece que tal pedagogia só podemos aplicar a nós mesmos, com métodos sempre reinventados e resultados imprevisíveis. Nossa liberdade é ambígua, diria Roland Barthes. Ademais, digo eu, em nossa escola não há lugar para a “pedagogia da imaginação”: pelo menos enquanto não se efetive a valorização da coexistência de intuição e intelecto no processo de criação e fruição das linguagens, no processo de ensino e aprendizagem em geral.

Na maior parte das manifestações e produções do homem, às portas do terceiro milênio, torna-se cada vez mais evidente e paradoxal a precariedade e a transitoriedade dos saberes e das realizações. Talvez muito devido à aparente ilimitada possibilidade de criar e de conhecer que a tecnologia e as investigações sobre o ser humano permitem, e as consequentes exigências e recursos que isso tudo impõe e dispõe a criadores e fruidores. Da mesma forma, as intersecções de linguagens, as linguagens limítrofes evidenciam a impossibilidade de cingir as manifestações de nosso tempo a padrões e valores estanques. Mais do que nunca, tudo parece mutante, interagente; as delimitações são cada vez mais ilusórias.

O fato de, especialmente na escola, ainda se restringir a noção de leitura a um processo racional de atribuição de significado à palavra escrita talvez seja a primeira dificuldade a enfrentar, se a proposta for a de ler uma expressão visual. Esta, pela sua natureza, pode parecer "ilegível". Em sua formação letrada, os professores de Português, talvez mais que quaisquer outros, estão imbuídos de que os textos são "para ler", enquanto, por exemplo, cinema e quadros são "para ver". E, como pouco se questiona isso, na escola ou nos cursos de Letras – ainda que a realidade e a experiência de cada professor e aluno coloquem essa noção em cheque a cada momento –, ela continua vigente, mesmo quando não propalada, enquanto se deixa de explorar a legibilidade da imagem.

O que faz, então, grande parte dos professores brasileiros de Português, trabalhando com língua e literatura, por exemplo, ante a ilustrações em livros infantis, em manuais didáticos, em histórias em quadrinhos; em face do apelo visual na poesia concreta e no poemimagem, passando pelos diferentes tipos de grafismos – do ideograma à xerografia? Qual sua postura diante das chamadas instalações e "performances"? Como transita do cinema à literatura; do cinema de animação ao telejornal; da telenovela ao filme em vídeo; da fotografia à holografia?

Com frequência, em situação de trabalho, se instado a falar sobre o assunto, por alguém que lhe pareça "do ramo", o professor silencia. Assim, talvez para não revelar sua ignorância ou por considerar que isso não é de sua competência, perde oportunidade de se manifestar e se informar, de confrontar ideias, sensações, sentimentos. Com os alunos, às vezes arrisca ou pede algum palpite. Entretanto, fica tudo muito restrito ao eventual, como um desvio do que (se) supõe seja sua tarefa ou sua função. E isso ocorre ainda que perceba – mesmo intuitivamente – quanto a maioria dessas formas de expressão instiga os sentidos, as emoções, a inteligência; desperta a curiosidade, propicia caminhos para a compreensão, leva a conjeturas, ao estabelecimento de relações significativas ou a visões controvertidas, sem respostas prontas.

Fato é que muitas dessas expressões configuram – simbólica ou objetivamente – um vasto campo de experiências de conhecimento, de vivências de linguagens presentes, ora mais ora menos, no cotidiano de professores e alunos – pelo menos se considerarmos o contexto urbano. Por que não compartilhar isso efetivamente na sala de aula, construindo-se vias de comunicação e meios expressivos, ampliando recursos, abrindo perspectivas, numa atitude consequente de quem reflete sobre (e integra-o ao processo de ensino e aprendizagem) algo que só aparentemente pertencia a um universo de criação, compreensão, fruição estranho ao contexto escolar ou mesmo acadêmico? Principalmente quando se sabe da total impossibilidade de manter a escola isolada das exigências e ofertas que a vida apresenta a alunos e professores. Aliás, aproveitar as brechas intercomunicativas é o mínimo a fazer.

No caso específico do verbal e do visual, sublinhando o mais óbvio: se os deficientes visuais desenvolvem sua "imaginação visiva", por que seriam os que veem incapazes de ler imagens? A alegação de um possível hermetismo delas ou "porque não entendemos nada disso" vem abaixo à mais tênue reflexão sobre a experiência de cada um. Assumindo uma postura simplista, descarta-se a possibilidade de lê-las e de verbalizar o que elas nos dizem. Bloqueia-se, assim, um possível diálogo com elas e sobre elas. E muito desse bloqueio pode ocorrer por conta de um registro de que tal diálogo deve pressupor conhecimentos específicos, algo mais racional, talvez um recurso especial para *decifrá-las*.

Em verdade, há mesmo que se encarar os complicadores da leitura não verbal, principalmente quando se apresentam componentes de várias linguagens simultaneamente, indicando estarmos diante de uma linguagem limítrofe ou deslocada, isto é, que partilha elementos visuais e verbais, incorporando também elementos de inúmeras outras formas de expressão, como é o caso de algumas referidas acima. Nesse caso, escapam a enquadramentos, a parâmetros que orientam o conhecimento de cada linguagem específica.

Apesar de desinstrumentalizados teórica e metodologicamente para abordar essas linguagens polimorfas e polissêmicas – uma carência que fica mais evidente na academia, onde o conhecimento se esmera na especialização —, não podemos deixar de considerar sua existência e até insistente presença em nosso cotidiano e no dos alunos. Aliás, talvez mais no deles do que no nosso, em muitos casos tornando-os leitores, digamos, naturais dessas linguagens tão complexas para nós. Daí a importância de ler com eles, também aprender observando e valorizando suas leituras.

Veja-se, por exemplo, o caso do videoclipe que, para mim, representa a ópera de nossos dias. Considero-o o exemplo atual mais acabado e abrangente de intersecção de linguagens, com ampla difusão e leitura, principalmente entre crianças e jovens. Essa "forma mista" de expressão utiliza os mais sofisticados recursos tecnológicos e apresenta, simultaneamente, inúmeras linguagens, como a da palavra coloquial, poética, dramática; a imagem cinematográfica, televisiva, teatral; o som, o canto, a música, a dança em seus mais diferentes gêneros; as artes pictóricas e plásticas em geral; a computação gráfica, a animação por computador.

Confesso que, mesmo estando aberta ao seu modo de ser, à sua constituição, para mim o videoclipe ainda tem muito de mensagem cifrada. Pois, além desse emaranhado de linguagens e recursos, há todo um processo de articulação dos componentes que torna o sistema/discurso *deliberadamente* desconexo, fragmentado, elíptico, numa passagem meteórica pela tela e pelos canais de som; com "rapidez mosaica" na observação percuciente de Maria Thereza Fraga Rocco – tudo indicando uma inusitada perspectiva de montagem, sem dúvida, revelando também semelhante visão de mundo. É comum, aliás, o ponto de vista múltiplo: mil olhos parecem produzi-lo. Mas também um sem-número de cabeças, de mãos. Tenho a impressão de que mobiliza, simultaneamente, e no mesmo ritmo, todos os sentidos. Parece uma linguagem que se lê com o corpo, se apreende pelo corpo, mas que exige prontidão intelectual, memória, imaginação. Seria a contrafação do *status quo*; o modo "abusado" de as novas gerações criarem o transitório e o precário, a partir de tecnologia e recursos que "os velhos" inventaram, estabeleceram e cultivam, mas que não mais dominam? Enfim, essa é uma leitura minha. Como será a dos nossos alunos da 1ª série aos pós-graduandos?

Fato é que qualquer postura ortodoxa quanto à linguagem vê-se abalada diante de expressões desse tipo. E elas criam um "terreno penumbroso" para a reflexão acadêmica, no dizer de Ulrich Weisstein, provocando, como assinala Todorov, um "curto-circuito" nas prerrogativas da palavra e nos critérios linguísticos como referenciais de abordagem de toda e qualquer forma de expressão.

Em síntese: para analisar pintura e música ainda recorremos à palavra, enquanto o próprio código linguístico está cada vez mais sendo invadido por outros códigos e rompendo os limites do texto escrito – seja num simples livro de histórias para crianças, seja numa sofisticada "poesia visual". Há, portanto, no mínimo, um impasse, um desencontro, um risco permanente de equívoco: no criar e no ler. Como superar isso? No caso, a superação não implicaria destruição, negação, subjugação, mas compreensão, pelo reconhecimento dessas manifestações que crescentemente interagem e se integram ao nosso cotidiano urbano: na vida doméstica como na social, política, cultural, escolar, acadêmica; nas expressões estéticas individuais e coletivas, nos meios de comunicação de massas.

E o que podem professores fazer, na escola, na universidade? Talvez um primeiro passo esteja no enfrentamento do que Rudolf Arnheim considera uma "nefasta controvérsia", envolvendo intuição (sentidos e emoções) e intelecto (razão). Há muito tal controvérsia é alimentada mas, se superada – como assinalei de início –, talvez crie uma via de acesso a uma possível "pedagogia da imaginação".

Trata-se, então, de reconhecer antagonismo e coexistência entre intuição e intelecto, o que minimizaria a constante preocupação com a supremacia de uma ou de outro. Mas essa é também uma evidência custosa de encarar. Numa perspectiva dita conservadora, se privilegia o conhecimento intelectual em prejuízo do intuitivo. Assim, as práticas pedagógicas valorizam a postura racional, supondo o aprendizado efetivo como decorrência de respostas intelectualmente corretas conforme determinados padrões e valores. Já de um ponto de vista dito liberal, se preconiza o conhecimento intuitivo como o mais rico, criativo, pois que se realiza através dos sentidos e de vivências emocionais manifestados de modo espontâneo e lúdico.

De certa forma, reproduzem-se na escola procedimentos semelhantes aos de nossas vidas: por motivos pessoais, sociais, culturais, políticos, queremos nos livrar – às vezes a qualquer preço – do conflito e da consequente tensão inerentes à coexistência da intuição e da razão, tentando ignorar que isso, em última instância, possibilita crescimento, transformações, ao mesmo tempo em que põe à prova a tendência à acomodação, à repetição.

Esse quadro, embora um tanto caricato, auxilia a sintetizar quanto a instituição escolar e nós, professores, ainda não reconhecemos a construção do conhecimento como sendo um processo simultaneamente intuitivo e intelectual, biográfica e historicamente originado, que se desenvolve marcado pelas circunstâncias temporais e espaciais. Implicando sempre conflito, tensão, já que intuição e intelecto são inconciliáveis; mobilizando, inapelavelmente, expectativas, reflexão, necessidades, frustrações, interesses, memória, imaginação, fantasia.

Preconizando um esforço interlocutivo desses polos, talvez se pudesse efetivar na prática o que se dissemina nos discursos com respeito ao ensino e aprendizado mais valerem pelo processo de busca do que pelo próprio conhecimento adquirido. Mas ter-se-ia também de aceitar que o conhecer é transitório, incerto, embora pressupondo constância, enquanto o já sabido é letra morta, não é mais uma provocação.

Se esses aspectos representam, a meu ver, impedimentos para o ensino e a aprendizagem em geral, significam dificuldades muito maiores para compreender e explicar o processo de criação da linguagem literária e sua leitura. Imagine-se, então, quanto mais podem representar de entraves, se quisermos abordar outras linguagens que não a verbal.

Nesse caso, o grande desafio estaria em não ignorar nem se deixar tragar pelo redemoinho das tantas linguagens e dos recursos técnicos, em tese e paradoxalmente, acessíveis e indecifráveis à sociedade como um todo, tornando ainda mais discrepantes as carências de nossa formação profissional e das condições básicas de vida e de trabalho, no Brasil.

Por certo, aqui desponta a maior ironia: quando mal se dá conta do bê-á-bá, enfrentando a palavra a duras penas, como somar a essa empreitada todo um conhecimento específico sobre uma linguagem como a visual, que se apresenta em mil facetas inevitavelmente cambiantes, no mundo contemporâneo? Como ler desvendando o invisível nas imagens e ultrapassando o evidente nas palavras?

Aos professores de Português mais arraigados a parâmetros, convenções, fichas, pode soar como um convite ao improviso ou para um passeio em campo minado, a proposta de lerem – e propiciarem aos alunos – outras linguagens que não a verbal, de espírito aberto.

Muitos outros dirão que já o fazem. Ótimo. Permito-me sugerir isso, no entanto, porque mesmo fazendo essas leituras intuitiva e informalmente a todo momento (seja no manuseio de um jornal, uma história em quadrinhos, ou de manuais didáticos, seja ao assistirem às novelas da televisão), tenho constatado ser ainda comum professores postarem-se em guarda diante da leitura de imagens na sala de aula.

Possivelmente isso aconteça menos por determinações ou omissões curriculares do que pelo fato de, ao realizarem a leitura de imagens fora da instituição, muitos professores fazerem-no mais sensorial e emocionalmente, talvez por isso mesmo nem se detendo nas potencialidades significativas dessa linguagem para determinadas situações de ensino. Ou, quem sabe, seu contato com tais imagens mais lhes pareça uma não leitura, isto é, algo que olham mecanicamente; ou que pertence ao lazer e não ao trabalho; ou ainda alguma coisa tão corriqueira a ponto de dar a impressão de transparente, óbvia, "mais que sabida".

É comum reação desse tipo a escritos, situações, imagens que fazem parte do cotidiano. No caso de linguagem visual, o olhar simplesmente atravessa o que se apresenta na televisão, nos *outdoors*, nas revistas, num quadro há anos pendurado na parede, na figura de uma pessoa com quem se convive sem enxergar.

Na verdade, a chave que desencadeará a leitura está ao alcance do leitor. Entretanto, esse processo tanto pode acontecer à revelia dele (independentemente de sua determinação), quanto pode "vir a ser" como uma conquista sua, algo difícil, até penoso, mas que acaba provocando um *assenhorear-se* de sua leitura. Algo intenso e irreversível, ainda que fugaz, pois, como diz o poeta Mario Quintana, "o mais difícil, mesmo, é a arte de desler".

De qualquer modo, o processo de atribuição de sentidos se efetiva mediante o que tenho chamado de *estranhamento do óbvio*, ou seja, pela apreensão do avesso das evidências. Para isso, há que se desanuviar os olhos, refrescar a memória ou estar desprevenido (sem prevenção). Enfim, depende das circunstâncias pessoais e contextuais, da situação espácio-temporal em que a leitura se propõe e se realiza.

Creio serem essas algumas condições para *ler reconhecendo*, para *reler.* Pois parece mesmo que nunca se lê algo totalmente novo, mas se pode *ler conhecendo de novo*, numa outra perspectiva, a partir de outros referenciais, estabelecendo novas relações entre o que se lê e as experiências e conhecimentos prévios, sejam quais forem. Mais: deixando vir à tona sensações, emoções e ideias, buscando perceber o que se passa conosco enquanto lemos, tentando mesmo verbalizar essa leitura e cotejá-la com as de outros leitores e as realizadas em outras circunstâncias, por nós e por eles.

Esse tipo de exercício de leitura representa, a meu ver, um passo decisivo para valorizarmos nossas possibilidades de ler e de mediar leituras de várias linguagens e em vários níveis. E acontece com mais frequência do que se possa imaginar – a questão é ter consciência do processo e explorá-lo, especialmente se somos professores. Não é muito fácil, porque implica *disponibilidade* para encarar dois sentimentos importantes e conflitantes, de repercussão na trajetória de leitores e na atuação de mediadores de leitura.

O primeiro desses sentimentos é o de *liberdade*: abre portas para a experimentação, para dialogar com as linguagens, independente do quanto se conheça especificamente seu processo de construção, permite expressar o que o objeto lido desperta no leitor. O segundo, é o de *limitação*: assinala carências, pois a experimentação tem o fôlego mais ou menos regulado pelo grau de informação que o leitor tem sobre o objeto lido e sobre outros tantos, isto é, pela sua bagagem de leituras. E quanto mais ele quiser liberar possibilidades de ler, mais perceberá a necessidade de instrumentalização e elaboração para tornar a leitura uma experiência de expansão e não de confirmação do já sabido, o que requer esforço para enfrentar as dificuldades impostas por toda e qualquer linguagem.

Tal disponibilidade, e os sentimentos que traz consigo, quando posta em ação com os alunos, tende a criar de início um clima de instabilidade, desconfiança até, o que implica riscos. Mas em se querendo e podendo encarar o diálogo, provavelmente acontecerão a seguir oportunidades de intercâmbio, interação.

No caso do trabalho com as intersecções do visual e do verbal, convém relembrar que o professor certamente terá a ganhar, conversando a respeito com os alunos, já que eles convivem desde cedo com expressões pictóricas – penetram o universo das imagens como os poetas o das palavras – e não têm os preconceitos que muitos adultos letrados ainda interpõem à leitura do visual. Exercícios de leituras contrastivas entre textos e suas ilustrações, entre histórias narradas visual e verbalmente trazem boas contribuições para criarem-se e fortalecerem-se ocasiões para a realização de leituras que se esclareçam umas às outras, tanto quanto iluminem as mais diferentes linguagens. Sem falar quanto tudo isso pode vir a valorizar experiências de leitura, de alunos e professores, até então subestimadas por eles mesmos.

Para a leitura contrastiva, pouco importa a verificação de quanto há de semelhança ou diferenças entre as linguagens, pois não se trata de um exercício de comparação. Torna-se muito mais significativo o favorecimento da percepção do diálogo entre as diferentes expressões, da sua irredutibilidade, e da troca de opiniões a seu respeito, enquanto vão sendo verificados e apreciados os componentes específicos das linguagens, suas articulações, e sendo desenvolvido um esforço (conjunto, se na sala de aula) de atribuição de sentidos, algo sempre plural e provisório.

Assim sendo, o professor-mediador não se pode permitir, como observa Jean Verrier, ser "angelical" ou ignorante do horizonte de expectativas de leitores que não têm nem a mesma idade que a sua nem os mesmos gostos. O objetivo, com efeito, "não é de transmitir um saber, mas de mostrar uma leitura sem, por isso, deixar de sublinhar suas eventuais contradições e, muito menos, reduzi-la a isso".

Tal procedimento se relaciona praticamente com a noção de linguagem e de leitura como processos, caracteriza-se, digamos, como uma *acontecência*: dinâmica, cambiante, sugestiva, instigante, entrelaçando a imaginação visiva e a verbal, tecendo mil interpretações possíveis, em tentativas variadas de aproximação cada vez maior entre o que é lido e os leitores; entre os aspectos constitutivos de cada linguagem e as estratégias interpretativas de cada leitor; criando necessidades de aprofundamento, mudanças de percurso, busca de outros recursos; valorizando diferentes leituras, diversas formas de expressão; respeitando a integridade de cada palavra e cada imagem lidos e observando a interação deles e dos leitores, ao criar como ao ler.

REFERÊNCIAS BIBLIOGRÁFICAS

ARNHEIM, Rudolf. *Intuição e intelecto na arte*. São Paulo, Martins Fontes, 1989.

BARTHES, Roland. *O rumor da língua*. São Paulo, Brasiliense, 1988.

CALVINO, Italo. *Seis propostas para o próximo milênio*. São Paulo, Companhia das Letras, 1990.

TODOROV, Tzvetan. "Reading as construction". *In:* SULEIMAN, S. (ed.). *The reader in the text*. Princeton, Princeton University Press, 1980.

VERRIER, Jean. "Journalistes et enseignants, le combat des médiateurs." *In: Le français aujourd'hui*. Paris, AFEF, set./1986, nº 75.

WEISSTEIN, Ulrich. *Verbal paintings, Fugal poems, Literary collages*; and the metamorphic other arts. Bloomington, Indiana University Press, 1978.